教育部人文社会科学研究青年基金项目"基于移动社交媒体的优惠券分享行为及激励机制研究"（项目编号：16YJC630067）资助

移动社交媒体用户的优惠券分享及激励机制研究

刘 芬 ◎著

中国财经出版传媒集团
经济科学出版社
Economic Science Press

图书在版编目（CIP）数据

移动社交媒体用户的优惠券分享及激励机制研究/刘芬著.—北京：经济科学出版社，2021.5
ISBN 978－7－5218－2573－2

Ⅰ.①移… Ⅱ.①刘… Ⅲ.①互联网络－传播媒介－研究 Ⅳ.①G206.2

中国版本图书馆 CIP 数据核字（2021）第 098343 号

责任编辑：程辛宁
责任校对：蒋子明
责任印制：王世伟

移动社交媒体用户的优惠券分享及激励机制研究
刘　芬　著
经济科学出版社出版、发行　新华书店经销
社址：北京市海淀区阜成路甲 28 号　邮编：100142
总编部电话：010－88191217　发行部电话：010－88191522
网址：www.esp.com.cn
电子邮箱：esp@esp.com.cn
天猫网店：经济科学出版社旗舰店
网址：http://jjkxcbs.tmall.com
北京季蜂印刷有限公司印装
710×1000　16 开　11.5 印张　2 插页　200000 字
2021 年 5 月第 1 版　2021 年 5 月第 1 次印刷
ISBN 978－7－5218－2573－2　定价：68.00 元
(图书出现印装问题，本社负责调换。电话：010－88191510)
(版权所有　侵权必究　打击盗版　举报热线：010－88191661
QQ：2242791300　营销中心电话：010－88191537
电子邮箱：dbts@esp.com.cn)

前　言

优惠券促销是商家重要的营销手段。近年来，随着移动网络的发展和智能手机的普及，许多线下商家开始转向移动端开展优惠券营销。商家通过移动平台（如大众点评、布丁优惠）发布优惠券（即移动优惠券），消费者通过移动终端可获取优惠券到线下兑现，获得折扣或返利。随着闭环体系的形成，这种优惠券不仅可以帮助商家打通线上线下壁垒，实现O2O（online to offline）的商业模式，还可以帮助商家收集消费数据、分析促销效果和消费者的产品偏好，从而优化营销方案，实现精准营销。移动社交网络的兴起又使移动优惠券为线下商家构建了一个集社交（social）、本地化（local）和移动（mobile）于一体的"SoLoMo"优惠券营销网络。消费者不仅可以突破时空限制，随时随地轻松网罗身边最新的优惠券，而且可以分享到自己的移动社交网络，以此加速优惠券的传播，促进更多的消费者兑现优惠券。虽然移动优惠券巨大的商业价值吸引了创业者和资本市场的关注。然而，优惠券作为一种特殊的商业信息，目前并没有被消费者在移动社交媒体平台上进行自愿地广泛传播和分享，"SoLoMo"优惠券营销网络还未实现理想的商业价值。

因此，系统地研究用户的优惠券分享行为的影响机理并设计合理的激励机制、促进用户对优惠券的分享，是移动社交媒体时代开展营销促销的重要研究课题。目前虽然国内外学者对基于移动社交媒体的一般信息分享行为展开了充分的研究，但是专门针对优惠券分享行为及激励机制的研究还比较缺乏，使得没有相关理论来指导商家的促销实践。因此，本书围绕上述问题从不同的视角开展了较为系统的研究，并将系列成果总结成了本书的主要内容。

全书主要从以下六个方面研究了移动社交媒体时代用户的优惠券分享行为及激励机制：

其一，从兑现体验的视角对用户的优惠券转发推荐行为进行了研究。结合顾客满意、体验价值、流体验等相关研究理论构建了基于用户兑现体验的移动优惠券转发推荐模型。采用结构方程模型的方法进行实证分析，以识别在用户兑现优惠券的过程中影响其分享行为的关键因素。

其二，在商务型移动社交媒体情境下，从优惠券和平台特征的视角出发对商务型移动社交媒体用户的优惠券分享决策进行了研究。结合刺激－机体－反应（stimulus-organism-response，S-O-R）理论构建了研究模型，采用实证研究的方法检验模型，以揭示优惠券的本质特征以及移动社交媒体平台的社会化商务特征对用户分享决策的影响机理。

其三，在社交型移动社交媒体情境下，从社交成员的社会支持环境的视角出发对社交型移动社交媒体用户的优惠券分享行为进行了研究。结合面子理论和社会认知理论构建研究模型，采用实证研究的方法对比分析了国内主流移动社交媒体平台——微博和微信用户的优惠券分享行为的关键影响因素及影响机理。研究结论揭示了微博和微信用户分享行为影响机理存在的差异。

其四，从激励的视角出发对移动社交媒体用户的优惠券分享行为进行了研究。结合知识分享的经典研究理论构建研究模型，实证分析了经济、社会和社会心理激励因素对移动社交媒体用户优惠券分享意愿的影响机理，揭示了激励因素在用户优惠券分享行为中是如何起到激励作用的。

其五，在上一个研究的基础上进一步从激励的视角分析了激励因素对社交型移动社交媒体用户分享平台选择的影响机理。将上一个研究的激励因素与优惠券特征因素及优惠券涉及的品牌特征因素结合起来构建理论模型，实证分析了用户选择在微博和微信平台分享优惠券的影响因素及影响机理，从而揭示了激励因素如何影响用户选择优惠券分享平台。

其六，根据以上研究结论提出了促进用户在移动社交媒体平台分享优惠券的激励机制和促进策略。

本书是笔者在教育部人文社会科学研究青年基金项目（项目编号：16YJC630067）的支持下、围绕移动社交媒体用户的优惠券分享及激励问题展开研究取得的系列成果和博士学位论文部分内容的基础上完成的。同时，在研究过程中，笔者参考和引用了许多国内外专家学者的研究成果，在此一并表示衷心的感谢。

由于笔者水平有限，书中难免存在纰漏和不足之处，恳请读者批评指正。

作者

2021 年 1 月

目　录

| 第 1 章 | **导论** / 1

1.1　研究背景及目的 / 1
1.2　研究意义 / 4
1.3　研究内容与研究思路 / 6
1.4　研究的创新点 / 8

| 第 2 章 | **基本概念与相关研究综述** / 11

2.1　移动优惠券概述 / 11
2.2　优惠券相关的用户行为研究 / 16
2.3　消费者的口碑推荐行为研究 / 26
2.4　移动社交媒体用户的信息分享和转发行为研究 / 29
2.5　分享行为的激励机制研究 / 30
2.6　现有研究述评 / 33
2.7　本章小结 / 35

| 第 3 章 | **用户兑现体验对移动优惠券转发推荐意愿的影响研究** / 36

3.1　问题的提出 / 36
3.2　理论模型与研究假设 / 37

3.3 问卷设计与数据收集 / 43
3.4 数据分析和结果 / 45
3.5 结果讨论 / 51
3.6 本章小结 / 53

第4章 基于商务型移动社交媒体的用户优惠券分享决策研究 / 54

4.1 问题的提出 / 54
4.2 理论背景 / 55
4.3 研究模型和假设 / 59
4.4 研究方法 / 65
4.5 数据分析和结果 / 67
4.6 结果讨论 / 74
4.7 本章小结 / 76

第5章 基于社交型移动社交媒体的用户优惠券分享行为研究 / 78

5.1 问题的提出 / 78
5.2 研究的理论基础 / 80
5.3 研究模型和假设 / 81
5.4 研究方法 / 87
5.5 数据分析和结果 / 89
5.6 结果讨论 / 98
5.7 本章小结 / 102

第6章 激励因素对移动社交媒体用户优惠券分享行为的影响研究 / 104

6.1 问题的提出 / 104

6.2 研究模型和假设 / 106

6.3 研究方法 / 110

6.4 数据分析和结果 / 112

6.5 结果讨论 / 116

6.6 本章小结 / 118

| 第 7 章 | **激励因素对用户优惠券分享平台选择的影响机理研究** / 119

7.1 问题的提出 / 119

7.2 研究模型的构建和假设 / 120

7.3 研究方法 / 122

7.4 数据分析和结果 / 126

7.5 结果讨论 / 133

7.6 本章小结 / 135

| 第 8 章 | **移动社交媒体用户优惠券分享的激励机制与策略** / 137

8.1 移动社交媒体用户优惠券分享的
基本激励机制与策略 / 138

8.2 基于商务型移动社交媒体的用户优惠券分享的
激励机制与策略 / 141

8.3 基于社交型移动社交媒体的用户优惠券分享的
激励机制与策略 / 143

附录 问卷调查中的量表测量 / 144

参考文献 / 153

| 第 1 章 |

导　论

1.1　研究背景及目的

1.1.1　移动优惠券促销方式的产生及发展

优惠券促销历史悠久。早在 1894 年，美国可口可乐公司就通过派发免费品尝的优惠券使自己生产的苏打汽水迅速被人们所熟知。1895 年，美国知名谷物食品商（Post Holdings）使用折价优惠券对一种葡萄坚果早餐进行促销，使用优惠券购买这种谷物早餐可以便宜 1 美分，收到了良好的促销效果。此后，优惠券促销逐渐被制造商和零售商广泛使用，并推广到世界各地。现在优惠券已经成为市场营销重要的促销手段。优惠券最初通过纸质媒介呈现，科学技术的进步使新的优惠券承载媒介不断随之诞生，优惠券的商业价值也在逐渐扩大。首先是互联网的高速发展和电子商务模式的不断创新催生了网络电子优惠券。网络电子优惠券使人们搜索优惠券更加便利，但是也存在很大的局限性，例如，对硬件设施的要求较高，需要电脑接入互联网，还需要打印设备打印优惠券，兑现时仍然要随身携带打印的纸质优惠券，等等。随后，移动通信技术的高速发展和各种移动终端的广泛使用掀起了移动营销的浪潮。移动网络的无所不在性、移动服务的个性化和移动交互的实时性为线下商家开展营销活动、与消费者进行营销沟通创造了便利条件。许多线下商家将传统的营销模式转向移动营销模式，移动优惠券也应运而生，为线下商家开展优惠券促销提供了新的途径。相对于纸质优惠券和网络电子优惠券来说，移动优惠券的分发时间更灵活，传播速度更快，发送对象更有针对性，同时移动优惠券具有随时随地和无纸化的特点，为消费者使用优惠券提供了更大的便利，提高了优惠券的兑现率，因此移动优惠券具有较大的商业发展前景。

在移动优惠券营销的初始阶段，商家主要通过发送短信息（SMS）或彩信息（MMS）的方式向消费者传送优惠券。但是由于短信息有字数、容量等限制，并且容易给消费者造成侵扰，这种方式并没有收到预期的促销效果。近年来，智能手机的普及、移动应用（application，APP）的爆炸式增长、团购引发的O2O（online to offline）狂潮，使本地生活受到越来越多的关注。顺应移动应用的发展趋势，一种集本地化、移动化和O2O于一体的移动优惠券APP开始成为主流的优惠券促销方式。少数本地商家如麦当劳、肯德基等推出了自己专属的移动优惠券APP，大部分本地商家通过第三方移动平台如大众点评APP不定期地发布自己的优惠券。这类第三方平台整合了许多本地商家的优惠券供消费者随时在线查找、收藏和使用优惠券，并结合地理位置服务为消费者提供附近搜索功能，使消费者轻而易举地获取自己身边的优惠券，而分享功能又便于消费者将优惠券分享到自己的移动社交网络。不仅如此，随着闭环体系的完善和平台数据的积累，移动优惠券APP将打通线上线下渠道，帮助商家引导线上消费者到线下消费并准确追踪消费记录，实现更加个性化的精准营销，为商家创造更大的商业价值。

1.1.2 移动社交媒体成为新一代营销利器

移动社交媒体时代的到来对用户的信息行为产生了前所未有的影响。通过移动社交媒体，人们对信息的实时分享、获取和沟通变得更加容易。尤其在信息的分享和传播方面,移动社交媒体具有得天独厚的优势。人们在移动社交媒体上可以实时分享信息,分享的信息可能被社交网络成员分享到自己的社交网络,继而又可能被下一级社交网络成员进行转发分享,依此下去形成无穷放大的信息传播网络。整个社交网络的成员越多,转发分享的次数越多,信息的传播效应越大。与此同时,移动社交媒体信息交流的方便性也对大众的消费决策产生了很大的影响。和对商家的信任相比,用户对社交网络成员的信任度更高。作为普通消费者的社交网络成员的推荐和评论信息更具有可信性和可接受性,因此越来越多的用户依赖于移动社交媒体获取产品相关的信息,以便做出更加正确的消费决策。鉴于移动社交媒体的以上特点,移动社交媒体平台绝不单单是一种社交应用,其相互信任的社交网络关系和强大的信息扩散特点使其成为新一代的营销利器。许多企业和商家洞察到了其中蕴含的商机开始将营销信息传播的主战场转移到了移动社交媒体。例如,许多优惠券APP融入了移动社交功能,方便用户的信息交流和优惠券分享,这类移动应用属于商务型移动社交媒体。另外,随着国内主流的社交型移动社交媒体——微博和微信的迅猛发展,两个平台庞大的用户群体为商家扩散优惠券之类的营销信息提供了绝佳的场所。因此,不少商家也基于社交型移动社交媒体开展了营销活动,例如,很多商家推出了各式优惠券鼓励用户将优惠券通过微博和微信分享给社交网络好友。

1.1.3 移动优惠券的特殊属性

在移动社交媒体时代,和传统的优惠券相比,移动优惠券具备了更多的属性,例如,多元化的信息来源和可信度更高的社交互动推荐。除了提供优惠幅度、优惠产品、兑现条件、有效期等基本的优惠券信息以外,移动优惠券平台可以提供其他消费者的评论信息供优惠券用户参考。在移动平台构筑的社交网络中,优惠券用户还可以和其他成员交流和优惠券及产品相关的信息,获得参考建议和推荐,同时也可以将自己认可的优惠券转发推荐给社交好友。

和一般的信息相比,移动优惠券也具有特殊的属性。一方面,优惠券带有很浓的商业性质。用户分享优惠券虽然可以为社交网络成员提供优惠福利,但也有可能因为不符合社交网络成员的需求而被认为是一种打扰。分享者甚至可能被认为在帮商家做营销推广以便从中获利。另一方面，正如李旭和王刊良（2020）在文中所提到的，优惠券本身带有经济和消费观念披露的属性，在一定程度上反映了个人的消费观和经济消费水平。之前的研究指出，害怕被其他人看低自己是消费者不太愿意兑现优惠券的原因之一（Ashworth et al.，2005）。因此，用户可能会担忧得到不好的评价而不乐意主动分享优惠券给自己的移动社交好友。

现有文献在理论上对移动优惠券的用户行为进行了一定的研究，但多是针对用户的兑现行为展开了讨论，对分享行为的理论研究远远滞后于实践，对于如何激励用户转发分享移动优惠券更是缺乏理论指导。另外，虽然移动优惠券的用户行为研究早就引起了国外学术界的广泛关注，但是在我国的相关研究比较缺乏。

综合以上实践和理论研究背景，本书的研究目的旨在结合移动社交媒体蓬勃发展的时代背景，系统地研究我国移动社交媒体用户分享移动优惠券的行为机理及激励机制，以填补现有研究的空白，为商家更好地基于移动社交媒体开展优惠券营销提供理论参考和实践建议。

1.2 研究意义

本书根据国内移动优惠券营销发展的实际情况和存在的问题，并借鉴国外关于移动优惠券及信息分享研究的理论和方法，在移动社交媒体的时代背景下对用户的移动优惠券分享行为进行了系统的研究，并由此提出了促进用户分享移动优惠券的激励机制和策略。这些研究不仅丰富了移动优惠券和营销信息分享的相关理论研究，而且对在实践中促进移动优惠券的分享和传播，推动移动优惠券营销活动的顺利开展有重要的研究意义。

1.2.1 理论意义

虽然在移动社交媒体的赋能下，移动优惠券的商业价值巨大无比。基于移动社交媒体开展优惠券营销也早都得到了实业界的资本投资市场和商家的重视，但是在理论上的研究相对滞后于实践。目前国内外关于移动优惠券的营销多聚焦在用户的兑现行为，结合移动社交媒体对用户的移动优惠券分享行为及激励机制的相关研究还不多见。虽然很多学者对社交媒体用户的信息分享行为进行了研究，但对用户基于移动社交媒体的营销信息分享行为的研究还比较少，尤其缺乏对移动优惠券这类特殊营销信息的分享行为研究。例如，第 1.1.3 节中移动优惠券的特殊属性中内容所述，和其他信息相比，优惠券一方面可以为分享者的社交好友带来经济利益，另一方面也可能为分享者带来心理上的困扰。因此，优惠券的分享机理和一般的信息分享行为机理是不同的。另外，不同的移动社交媒体平台在功能特征、社交关系、社交环境等方面存在差异，因此相同的分享行为可能会受到不同因素的影响或者受到相同因素的影响程度各异。有必要对移动优惠券的用户分享行为进行系统的理论研究，由此得到促进用户进行优惠券分享的激励机制和策略。因此本书基于移动社交媒体的时代背景，围绕优惠券系统本身、和优惠券相关的商务型移动社交媒体以及社交型移动社交媒体展开研究，基于移动社交媒体的背景全面、系统地分析了用户对移动优惠券分享行为的影响机理，以便我们更好地理解用户分享优惠券的行为规律和对其行为产生影响的因素，并以此提出激励机制和策略。本书的研究将丰富移动社交媒体信息分享理论和移动优惠券分享行为相关理论，并进一步扩展移动优惠券分享激励问题的理论研究。

1.2.2 实践意义

用户对优惠券的转发分享行为是基于移动社交媒体顺利开展优惠券营销的关键。从实践上来看，虽然服务提供商和商家意识到了用户分享优惠券的重要性，但是实际运营的成效还没有达到预期效果。因此，分析用户的优惠券分享行为，了解和掌握哪些因素会影响其行为，从而采取有效的措施准确地激励用户的分享行为是非常有必要的。本书在移动社交媒体的时代背景下通过实证研究的方法系统地分析影响用户分享移动优惠券的关键因素和影响机理，可以为服务提供商和商家清晰地认识和掌握用户在移动社交网络分享优惠券的行为机理，采用正确的激励方式和方法促进优惠券在移动社交网络的传播，充分发挥移动社交网络在移动优惠券促销中的作用和优势，最终增进优惠券的促销效果提供理论和方法的指导。

1.3　研究内容与研究思路

1.3.1　研究内容

本书在回顾相关文献的基础上，基于移动社交媒体背景对用户的优惠券分享行为及激励机制进行了研究。主要基于消费者满意理论、体验价值理论、流体验理论、刺激－机体－反应理论、社会支持理论、面子理论、社会认知理论和激励理论构建了兑现体验和系统使用体验对用户转发推荐行为的影响模型、移动优惠券和社会化商务特征因素对用户分享行为的影响模型、移动社交平台的社会支持环境对用户分享行为的影响模型，激励因素对用户分享行为的影响模型以及激励因素对用户分享平台选择的影响模型，并采用实证研究的方法对模型进行检验分析。最后根据研究结论提出了促进用户分享优惠券的激励机制和激励策略。全书的主要内容具体如下：

第 1 章　绪论。本章主要对全文的研究做了简要的概述。首先介绍了研究的背景，引出了本书研究的目的，接着阐明了本书的研究意义、主要研究内容和研究思路。

第 2 章　基本概念与相关研究综述。本章首先介绍了移动优惠券的定义和类型，其次对比分析了移动优惠券和纸质优惠券类型的特征差异，然后回顾了国内外和移动优惠券用户行为、社交媒体用户信息分享行为和个体知识分享行为以及激励机制研究相关的文献，并进行研究述评。在对现有研究进行梳理总结的基础上分析本书需要进一步进行的研究和创新。

第 3 章　用户兑现体验对移动优惠券转发推荐意愿的影响研究。本章从用户兑现体验的视角构建理论模型分析用户的兑现感知因素如何影响兑现满意和体验价值，兑现满意和体验价值又如何影响转发推荐行为意愿。其中体验价值包括感知优惠券价值和流体验，兑现感知因素包括感知平等性、感知经济利益和感知系统质量。

第 4 章　基于商务型移动社交媒体的用户优惠券分享决策研究。本章以特征因素为研究的出发点，首先分析归纳生活服务类移动社交媒体的社会化商务特征因素，并结合优惠券的本质特征，基于刺激－机体－反应模型构建理论模型分析特征因素对分享行为的影响机理。刺激因素主要指社会化商务特征和优惠券特征因素。其中，社会化商务特征因素主要包括感知的社会存在以及信息评论相关的特征，优惠券特征因素主要指经济利益。机体因素包括感知的优惠券价值和产品情境涉入。除了实证检验模型以外，还分析了机体因素对特征因素和分享行为的中介作用。

第 5 章　基于社交型移动社交媒体的用户优惠券分享行为研究。本章从移动社交媒体社会支持环境的视角，基于面子理论、社会支持理论和社会认知理论构建理论模型分析了社会支持环境如何影响用户对优惠券分享的结果预期和感知的面子风险，继而结果预期和感知的面子风险又如何影响分享行为。其中结果预期包括经济结果预期、社交结果预期和与社交成员相关的结果预期。基于该理论模型，通过实证分析的方法对比研究微博用户和微信用户分享优惠券的具体行为机理所存在的差异。

第 6 章　激励因素对移动社交媒体用户优惠券分享行为的影响研究。本章基于知识分享的基本理论，综合经济学、社会学和社会心理学的视角研究了相关激励因素——经济奖励、互惠、利他、自我效能和表达正面情绪对移动社交媒体用户优惠券分享行为的影响机理。同时，将激励因素划分为外部激励和内部激励，探索了外部激励因素对内部激励因素的"挤出效应"。

第 7 章　激励因素对用户优惠券分享平台选择的影响机理研究。本章在第 6 章所分析的激励因素的基础上结合环境激励因素——优惠券的信息特征因素和优惠券涉及的品牌特征因素，进一步研究这些激励因素对用户在微博和微信分享优惠券的影响，进而得出激励因素对移动社交媒体用户分享平台选择的影响机理。其中，优惠券的信息特征因素包括优惠券内容的吸引力、优惠券信息的可靠性，品牌特征因素指品牌知名度。

第 8 章　移动社交媒体用户优惠券分享的激励机制与策略。本章基于前面几章的实证研究结论从商家服务、优惠券系统设计、优惠券服务提供商的服务设计、优惠券分发策略等方面提出了用户分享行为的激励机制和促进策略。

1.3.2　研究思路

本书的总体研究思路主要遵循实证研究的基本范式，首先根据研究背景提炼研究问题，再基于相关的理论研究构建理论模型，然后通过问卷调查的方法收集数据，并运用统计分析软件进行数据分析和模型检验，分析和解释检验结果，得出研究结论，最后根据实证研究结论设计移动社交媒体用户优惠券分享行为的激励机制，并提出激励策略和措施。研究的技术路线如图1-1所示。

图1-1 研究技术路线

1.4 研究的创新点

本书综合运用信息技术学、管理学、社会学、心理学、经济学和统计学等学科的相关知识和理论，对移动社交媒体背景下用户的优惠券分享行为及激励机制进行了全面系统的研究。本书研究的创新点主要体现在以下五个方面：

（1）从用户兑现体验的视角出发构建理论模型，实证分析了用户转发推荐移动优惠券的影响因素。

用户的转发推荐可以吸引更多的潜在用户兑现移动优惠券，提高兑现率，目前对用户为何会转发推荐移动优惠券的研究并不多见。本书借鉴消费者口碑推荐的相关研究成果，基于顾客满意、体验价值、流体验等相关研究理论构建了基于用户兑现体验的移动优惠券转发推荐模型。研究结果表明：兑现满意、感知的优惠券价值和流体验均能促进用户转发推荐移动优惠券，而兑现环境感知因素——感知平等性、感知经济利益和感知系统质量对感知优惠券价值和流体验产生直接的正向影响。感知平等性、感知经济利益、感知优惠券价值和流体验对兑现满意也有直接的正向影响，而感知系统质量则通过感知优惠券价值和流体验的部分中介作用对兑现满意产生间接的正向影响。本书还揭示了用户的享乐性体验价值——流体验对用户的兑现满意和转发推荐意向有重要影响。

（2）在商务型移动社交媒体背景下，从特征因素的视角出发基于刺激－机体－反应理论构建模型实证研究了特征因素对用户分享行为的影响。

少量的移动优惠券分享行为研究主要探讨了用户分享优惠券的动机。在移动社交媒体背景下，移动优惠券既具备传统纸质优惠券的基本特征，也具备依赖于移动社交媒体而产生的社会化商务特征，这些特征因素是否会影响用户的分享决策值得探究。本书从商务型移动社交媒体的社会化商务特征和优惠券的基本特征分析出发，基于刺激－机体－反应理论构建了基于特征因素的移动社交媒体用户分享行为研究模型，探讨了移动优惠券特征（经济利益）及两大类型的社会化商务特征——感知的社会存在（对网页的社会存在感、对商家的社会存在感和感知的他人存在）和评论信息的相关特征（信息性和生动性）因素对用户分享行为的影响机理。研究表明除了对商家的社会存在感以外，其他特征因素均通过影响用户机体因素——感知的优惠券价值或产品情境涉入进而影响用户的分享行为。

（3）在社交型移动社交媒体背景下，从社会支持环境的研究视角出发构建理论模型并实证检验了用户优惠券分享行为的影响机理。

微博和微信作为国内的两个主流社交媒体平台成为人们在社交网络进行信息交流、分享和传播的主要平台。现有研究虽然基于微博或微信对用户的信息分享和转发行为进行了研究，但是较少有文献研究移动社交媒体用户对优惠券的分享行为，尤其是对比分析用户在微博和微信平台上分享行为影响机理的差异研究则更少。本书从社会支持环境的研究视角出发，基于社会支持理论、社会认知理论和面子理论构建理论模型，探索社会支持环境——信息支持和情感支持如何影响用户的认知（包括结果预期和感知的面子风险），进而影响其优惠券分享行为。通过实证研究对比分析了微博和微信两个社交媒体用户优惠券分享行为的影响机理，揭示了在不同的移动社交媒体平台，用户分享优惠券的关键影响因素及影响程度所存在的差异。

（4）从激励的视角构建理论模型，实证研究了激励因素对移动社交媒体用户优惠券分享行为及分享平台选择的影响机理。

移动社交媒体用户对优惠券的分享行为对于商家借助移动社交媒体开展营销活动至关重要。目前业界商家大多采用经济奖励的激励方式鼓励用户转发分享优惠券。然而从知识分享的文献来看，经济奖励不是绝对有效的分享激励手段，因此有必要分析其他的激励方式是否会对用户的优惠券分享行为产生激励效应。鲜有文献从激励的视角分析各类激励因素如何影响移动社交媒体用户的优惠券分享行为。另外，微博和微信作为国内的主流社交媒体被很多用户同时使用，用户在这两类平台都可以分享优惠券给自己的社交网络好友，因此激励因素如何影响用户分享平台的选择是值得探讨的问题，目前较少有研究关注这一问题。本书从激励的视角实证研究了经济奖励、社会激励、社会心理激励因素对移动社交媒体用户优惠券分享行为的影响，并结合环境激励进一步研究了激励因素对用户分享平台选择的影响机理。本书揭示了不同类型的激励因素对分享行为产生的显著影响以及激励因素之间的交互效应，同时也揭示了激励因素对用户选择不同分享平台所发挥的作用机制。

（5）基于实证分析提出了移动社交媒体用户优惠券分享的激励机制和促进策略。

在前面实证研究结论的基础上系统地总结了商家和优惠券服务提供商促进移动社交媒体用户分享优惠券的激励机制和策略。

| 第 2 章 |
基本概念与相关研究综述

2.1 移动优惠券概述

2.1.1 移动优惠券的含义和类型

移动优惠券是移动营销的一种应用，也是移动广告的一种类型。移动营销协会给移动优惠券下的定义是：移动优惠券是通过手机发送和接收的一种电子凭证，当购买产品或服务时可以借此凭证获得金额折扣或返利（Mobile Marketing Association，2007）。也有一些学者认为移动优惠券是电子优惠券的一种形式，例如，迪金格和克莱内（Dickinger & Kleijnen，2008）认为移动优惠券是发送到各种移动设备（如手机、手持设备等）的电子优惠券，可以携带文本、图片、音频和视频信息。以上定义只是描述了移动优惠券的形态或者功能，没有概括移动优惠券的全部含义。在移动优惠券的使用过程中，用户可以即时通过手机或手持设备接收或查询并获取所需的优惠券，消费时直接出示就可享受优惠。在发放和接收方式上，移动优惠券有多种分发和获取渠道，例如，手机短信、WAP（wireless application protocol）网站、蓝牙和手机客户端等。在表现形式上，移动优惠券主要有文本形式、图片形式和二维码形式。因此，本书将移动优惠券定义为：依托各种无线通信手段使消费者能够随时随地通过手机或手持移动设备获取、存储和兑现的各种形式的电子优惠券。

按照不同的分类标准，移动优惠券可以分为不同的类型。学者们主要根据消费者获取移动优惠券的被动性和主动性将移动优惠券分为推式优惠券和拉式优惠券（Jayasingh，2009）。推式优惠券是指在用户的许可下，由商家主动发送给消费者的优惠券。推式优惠券的分发由商家主导，一般是大范围群发信息，对于消费者来说适用性较差，往往还带有打扰的成分。拉式优惠券是指消费者通过主动请求获取的优惠券。拉式优惠券的分发由消费者主导，优惠券的分发由消费者的需求引发，因此这种优惠券的兑现率相对较高。拉式和推式优惠券还可以和地理位置服务相结合进一步细分为基于地理位置服务的推式优惠券和基于地理位置服务的拉式优惠券（Xu et al.，2011）。基于地理位置服务的推式优惠券是指通过定位技术追踪消费者的行踪，根据消费情境主动发送给消费者的相关优惠券。基于地理位置服务的拉式优惠券是指在消费者发出请求时才定位消费者的位置，并根据请求提供给消费者的优惠券。这种基于地理位置服务的优惠券更加符合消费者的实际需求，因此被消费者兑现的可能性较大。根据移动优惠券的承载平台不同也可以将其分为基于 SMS 的移动优惠券、基于 MMS 的移动优惠券和基于 APP 的移动优惠券。目前主流的移动优惠券主要基于 APP 分发和使用。

2.1.2 移动优惠券的特征

班纳吉等（Banerjee et al.，2010）认为移动优惠券具有以下几个特征：第一，分发目标的特定性。手机优惠可以被发送给位于特定地理位置的人群。第二，分发时间的灵活性。体现在可以根据不同的活动时间发送相关产品的优惠券信息，如周末发送电影优惠券，午餐时间发送餐饮优惠券等。第三，优惠券信息的个性化。商家可以根据消费者的个人兴趣发送不同的优惠券，如给电影爱好者发送电影优惠券。第四，存储携带的便利性。当优惠券存储在手机上时就能够一直被随身携带，因此消费者能够方便地存取移动优惠券。薛等（Hsueh et al.，2010）从商家和消费者两个角度分析了移动优惠券的特点。对于商家来说移动优惠券节约了纸张成本，但分发成本相对较高，分发数量可以有效控制；对于消费者而言移动优惠券具有获取容易、携带轻便、兑现便捷的特点。徐等（Hsu et al.，2006）从沟通模式的角度分析，认为移动优惠券和传统纸质优惠券的区别是：消费者对纸质优惠券是被动接收；而对于移动优惠券，消费者可以主动获取所需的优惠券。

优惠券发展至今共经历了三种形态，即纸质优惠券、网络电子优惠券和移动优惠券。网络电子优惠券是纸质优惠券向移动优惠券发展的过渡形式。目前的优惠券形态主要包括纸质优惠券和移动优惠券。这两种优惠券的承载媒介不同，因此在特征上存在一定的差异。为了进一步清晰地了解移动优惠券的特征，本书根据相关资料从商家分发优惠券和消费者使用优惠券两个方面出发从多个角度对比分析了纸质优惠券和移动优惠券的各项特征，具体如表2-1所示。

表2-1　　　　　纸质优惠券和移动优惠券的特征对比

阶段	特征	纸质优惠券	移动优惠券
商家分发	媒介	报纸、杂志、明信片、夹报插页、邮寄、产品包装上或产品包装内、街边发送、零售店内	手机短信、彩信、移动互联网站、手机客户端软件
	分发成本	高	较低
	分发数量	大	相对较小，有针对性
	分发模式	推式	推式和拉式并重
	分发系统	分发人员人工发放	零售商或专门服务提供商通过移动平台分发
	分发目标	难控制	易控制
消费者使用	消费者获取渠道	从报纸、杂志上剪切或者从路边、商家获取	通过手机从第三方网站、手机客户端软件下载或通过短信、彩信接收
	消费人群	家庭主妇、老年人	年轻人、时尚人士
	使用心理	追求经济实惠	好奇、追求时尚、好玩、经济
	可携带性	难，容易忘记	容易，通过手机即可携带
	灵活性	不灵活，消费者需大量时间收集、寻找所需的优惠券	很灵活，只要携带了手机，消费者就可以随时随地搜寻自己感兴趣的优惠券

续表

阶段	特征	纸质优惠券	移动优惠券
消费者使用	适用性	不太适用，消费者接收到的优惠券不一定是自己所需要的	很适用，消费者可以随时随地选择自己所需的优惠券。如果有基于位置的服务，消费者还可以自动接收到适合自己的优惠券
	实时性	实时性较差，消费者需要优惠券时不一定马上能找到	实时性很强，无论何时何地消费者都可以随时搜索所需的优惠券，并且可以随时拿出来使用
	互动性	弱	很强
	客户消费追踪	难实现	容易实现

资料来源：根据文献资料整理所得。

从表 2-1 中可以看出，相对于传统纸质优惠券来说，移动优惠券具有商家发送目标易控制、发送成本低、时效性强，消费者获取灵活、适用性强、方便携带的特点，突破了传统纸质优惠券局限性，为商家发布优惠券和消费者使用优惠券带来了更多的便利。移动优惠券的这些特征也有利于粗放式营销向精准化营销、商家推式营销向用户社会化分享营销的转变。

2.1.3 移动优惠券 APP 概述

APP 是指运行在手机上的第三方移动应用程序。APP 的早期雏形是"糖块时代"（Candy Bar Era）的手机中内置的娱乐游戏，例如，被大家所熟知的诺基亚（NOKIA）手机中内置的"贪吃蛇"游戏。移动通信技术和手机终端设备自产生开始就不停地向前发展，掀起了一波又一波的革命浪潮。伴随着移动通信技术的不断革新和手机终端设备的不断升级，APP 也随之飞速发展。尤其是智能手机的出现推进了 APP 的大力发展。智能手机具备独立的操作系统和运行空间，像个人电脑一样可以方便地接入无线网络，并允许用户自行安装各类第三方服务提供商所提供的应用程序，丰富强大的系统功能为 APP 的开发设计提供了方便，专门开发移动 APP 的第三方移动应用商店由此产生。如果说智能手机的出现是 APP 走向发展高潮的开端，智能手机的触屏化则是 APP 裂变式发展的导火索。触屏手机更大的显示屏幕，更加方便的操作方式以及与之匹配的各类智能操作系统如 IOS、Android、Symbian 和移动应用商店如 Apple APP Store、Android 市场、机锋、百度等的相继出现，促使各式各样的 APP 呈现井喷式增长。APP 的类型也由最初以娱乐游戏为主慢慢向多元化方向发展。目前 APP 的种类繁多，涉及休闲娱乐、资讯传播、通信沟通、生活服务、工具支持以及行业应用等方方面面。

  移动 APP 迅猛的发展势头引起了大量企业的关注，许多企业试图推出和自身业务相对应的 APP 以扩大市场份额，提高营业绩效，各类移动商务 APP 如移动购物、移动营销、移动支付 APP 应运而生。移动优惠券 APP 正是在这种背景下而产生。移动优惠券 APP 是指安装并运行在智能手机上的移动优惠券应用程序，集合了商家的优惠券供用户自行挑选和使用优惠券。然而移动优惠券 APP 并不仅仅是商家优惠券的简单集合。自 2011 年 2 月美国著名的投资家约翰·杜尔首次提出"SoLoMo"的概念，社交（social）、本地化（local）和移动（mobile）成为移动 APP 发展的重要趋势。移动优惠券 APP 则成功地响应了"SoLoMo"的理念。社交性是目前移动互联网发展的显著特征。脸书（Facebook）和推特（Twitter）等社交产品的推出使人们越来越习惯于通过社交网络进行沟通互动，分享自己生活的点点滴滴。移动优惠券 APP 和社交网络平台的接口促进了用户之间转发推荐优惠券和分享优惠信息，增进了用户的消费交流。本地化是移动互联网发展的另一明显特征。本地化主要靠基于地理位置的服务（location based services，LBS）来实现。LBS 通过无线电通信网络或外部定位方式来获取移动设备终端用户的位置信息，从而使用户确定自己所在的地理位置，获得和所在位置相关的周边信息，享受便捷的服务。移动优惠券 APP 也巧妙地融入了基于地理位置的服务使用户可以轻轻松松网罗身边的优惠券。移动性是移动设备的固有特征，也是移动互联网的特定优势。移动性是指突破时间和地点的限制，使用户能够在比较方便的时间和地点执行任务。移动优惠券 APP 和移动互联网的连接允许用户随时随地搜索最新的优惠券讯息，获取所需的优惠券，给用户使用优惠券提供了更大的自由空间。总之，移动优惠券 APP 构建了一个立体化的移动优惠券营销网络，实现了用户随时随地基于地理位置获取优惠券信息，并通过社交网络平台进行优惠券信息交互，加速了优惠券的传播速率。

  从移动优惠券 APP 的发展情况来看，目前移动优惠券 APP 主要可以分为三种类型：

  （1）由第三方服务提供商推出的集合多种类型商家优惠券的综合型

APP，比较有代表性的是国内的大众点评以及美国的 RetailMeNot。大众点评起先是为用户提供全城各类商户信息和消费点评的本地生活信息平台，后来慢慢融入了团购、优惠券等业务。商家通过大众点评可以免费发布优惠券，消费者用户通过大众点评不仅可以免费查询和使用优惠券，还可以分享自己发现的优惠资讯、进行消费点评、转发推荐优惠券给社交网络成员。目前大众点评 APP 的核心业务主要包括团购、优惠券、签到、消费点评和在线订座点菜。RetailMeNot 的优惠券 APP 由拥有好几家线上优惠券网站的 WhaleShark 传媒推出，供用户根据类别、商店名称或地理位置服务查找优惠券，并可以将优惠券存入 Passbook。在不久的将来 RetailMeNot APP 还将采用地理围栏技术新增基于室内位置的推送功能。

（2）由第三方服务提供商推出的只集合某几类商家优惠券的垂直型 APP，代表实例是国内的布丁优惠，只收录了全国快餐连锁品牌商家的优惠券供用户使用和订餐。布丁优惠券所提供功能相对简单，主要包括附近查找、离线下载和在线支付。

（3）由商家自己推出的专门 APP，如国内的麦当劳和美国的药品连锁机构 Walgreens，他们的移动优惠券 APP 主要集合了自己的优惠券供用户浏览使用。Walgreens 所提供的移动优惠券主要基于历史数据和产品评论信息产生，更有针对性。

2.2 优惠券相关的用户行为研究

学者们对优惠券相关的用户行为研究主要包括对纸质优惠券用户兑现行为的研究以及移动优惠券用户的采纳、兑现和转发分享行为研究。

2.2.1 纸质优惠券用户的兑现行为研究

研究者们对传统纸质优惠券用户兑现行为的研究主要集中在分析用户兑现行为的影响因素。少数文献分析了影响纸质优惠券用户购买行为的主要因素，由于消费者兑现优惠券就意味着发生了购买行为，因此本书认为这些研究实际上也是对用户兑现行为的分析。总体来看，可以将影响传统纸质优惠券用户兑现行为的关键因素分为与消费者相关的因素、与优惠券相关的因素以及与商品品牌相关的因素。下面将具体介绍这些因素对用户兑现行为的影响。

2.2.1.1 与消费者相关的因素

在消费者方面，早期的研究发现消费者感知的价格意识、感知的价值意识和自我满意对优惠券的兑现有正向影响。感知的时间消耗、努力程度对优惠券的兑现有负向影响。阿什沃思等（Ashworth et al.，2005）发现消费者在决定是否兑现优惠券时会考虑使用优惠券是否会为自己带来负面的社会后果——被认为爱捡便宜或者很小气。帕万（Paswan，2007）将行为理论和是否兑现优惠券的决策及其之后如何处理节省的开支相结合，发现心理因素（寻求激励、猎奇心理）、经济因素（收入、机会成本）和行为因素（省钱的倾向、转移行为）都对消费者兑现优惠券产生影响。斯瓦米纳坦（Swaminathan，2005）的研究发现优惠券的兑现行为和消费者对特定类别产品的品牌忠诚度、优惠券感知的可得性、个人的价值意识和价格意识相关。布伦博等（Brumbaugh et al.，2009）发现消费者与收银员和店内的零售工作人员互动时所感知的歧视、正向或负向的元知觉会间接影响消费者使用优惠券。巴拉特等（Barat et al.，2013）的研究发现个体的优惠券倾向、收入水平、机会成本和对使用优惠券的负面心理感知（如感知的尴尬、丢脸等）对优惠券的兑现行为都有影响。纳拉西姆汉（Narasimhan，1984）发现收入的高低会改变消费者兑现优惠券的行为，受教育程度对消费者使用优惠券有正向影响。巴瓦等（Bawa et al.，1987）发现消费者的家庭规模和兑现优惠券呈正相关关系。蒂尔等（Teel et al.，1980）发现家庭主妇的年龄和使用优惠券负相关。哈蒙等（Harmon et al.，2003）比较了男性和女性对使用优惠券和讨价还价的态度，发现女性比男性更愿意使用优惠券主要是因为女性对价格更敏感，男性使用优惠券时主要考虑时间和社会形象。另外，在年龄阶层上，年轻的男性和女性认为收集优惠券花费了很多时间，而年龄较大的男性和女性看法则相反。

从以上研究可以看出，与消费者相关的因素可以归纳为个人特征因素、心理感知因素和人口统计特征因素。这些因素对消费者的兑现行为都有可能产生影响。

2.2.1.2 与优惠券相关的因素

与优惠券相关的因素主要包括优惠券的面值、优惠券的内容呈现方式、有效期和离兑现地点的距离。优惠券的面值越高,消费者兑现优惠券的可能性越大(Yin et al.,2004)。但是巴拉特(Barat et al.,2005)也发现对于较低面值的优惠券,消费者兑现优惠券的意图和面值正相关;而对于较高面值的优惠券,当面值增加时,消费者兑现优惠券的意图或多或少地保持不变。莱休伯(Raghubir,2004)发现优惠券上提供不同的价格信息时,如本公司的非促销产品的价格或者竞争者的产品优惠价格,会调节消费者对优惠券价值的评估,从而影响消费者的购买意图。优惠券面值常见的呈现方式有现金折扣和比例折扣。同一面值的优惠券如果以不同的方式描述就会产生框架效应。努沙尔等(Nusair et al.,2010)发现对于不同的低端服务行业,优惠券的价格折扣形式(现金折扣、百分比折扣)和不同的折扣水平会影响消费者对优惠券的价值、服务水平的感知,从而影响消费者的购买和口碑传播意图。张喆等(2011)以现有产品和改进型新产品为研究对象,通过实验方法分析不同折扣方式对优惠券价值效应的影响。研究发现不同的折扣方式对现有产品中的高档产品的价格估计有显著影响,高档产品的优惠方式适合采用金额折扣方式;而现有产品中的有形产品和服务产品更适合采用比例折扣的优惠形式。在新产品中,低档新产品更适合提供比例折扣优惠券,高档新产品的金额折扣会增强购买意愿;不同折扣方式对服务新产品的价格估计也有显著影响,当使用比例折扣时消费者的购买意愿更高。优惠券的有效期对兑现行为同样有重要影响。优惠券刚发放的时候兑现数量最多,随后会单调递减。英曼等(Inman et al.,1994)基于后悔理论预测在优惠券有效期截止之前会出现第二次兑现高潮,并通过实际数据验证了这个推论。李(Lee,2010)发现当优惠券的兑现时间限制很充足时,消费者所感知的优惠券价值会增加,兑现意愿也更强。罗姆等(Roehm et al.,2011)的研究表明优惠券有效期很短时,消费者更喜欢高面值的优惠券。当优惠券的有效期很长时,优惠券的面值对消费者没有影响。克利须那等(Krishna et al.,1999)研究了动态的优惠券有效期对优惠券促销盈利效果的影响,结果表明延长品牌的某个产品的优惠券有效期会增加该品牌本身和竞争品牌的优惠券兑现率。少数学者研究了兑现距离对兑现行为的影响。施皮克曼等(Spiekermann et al.,2011)

发现消费者离兑现地点的距离越远，经济利益的刺激作用就越小，从而对兑现意图产生影响。

2.2.1.3　与商品品牌相关的因素

学者们通常将商品品牌分为经营商品牌和制造商品牌，其中经营商品牌产品的优惠券由经营商提供，制造商品牌产品的优惠券由制造商提供。少数学者基于不同的商品品牌对消费者的兑现行为进行了研究。埃拉瓦蒂等（Ailawadi et al.，2001）研究了具有相同价值意识的消费者兑现经营商品牌和制造商品牌产品的优惠券的动机，发现经营商品牌使用者兑现的主要动机是获得经济利益，制造商品牌使用者兑现的主要动机是享乐利益。尼斯等（Nies et al.，2010）的研究发现优惠券促销可以增加经营商品牌使用群体对额外产品的购买，促进制造商品牌使用群体购买比不促销时价格更高的产品。另外，当优惠券面值降低时，经营商品牌使用者会大大降低购买的可能性。

2.1.2　移动优惠券用户行为的相关研究

在移动优惠券发展的早期阶段，技术是阻碍其发展的首要因素，因此在该阶段针对用户行为的研究较少。后来，随着移动技术的日趋成熟和移动商务的迅猛发展，移动优惠券面临的挑战由技术向用户的接受和使用转移（Jayasingh et al.，2009），移动优惠券的用户行为研究才开始受到更多学者的关注。从整体的研究情况来看，现有文献大部分集中在对移动优惠券采纳行为的研究，少量文献研究了移动优惠券的兑现和转发分享行为。

2.1.2.1　移动优惠券用户的采纳行为研究

用户对移动优惠券的采纳是用户兑现移动优惠券的前提条件。徐等（Hsu et al.，2006）首先采用解构的计划行为理论模型分析用户的移动优惠券使用意愿，结果发现态度和感知的行为控制是使用意图的主要影响因素，而态度受感知有用性、感知易用性和兼容性的正向影响、感知的行为控制主要受自我效能的正向影响。

贾亚辛格等（Jayasingh et al.，2009）在TAM模型的基础上加入感知可靠性、兼容性、社会影响和个人创新性来研究用户的移动优惠券使用意图。

结果表明除了个人创新性以外，其他变量对用户的使用意图均有显著的正向影响。后来贾亚辛格等（Jayasingh et al.，2010）在该模型的基础上加入态度、社会影响和个性特征变量。通过实证研究发现感知有用性、感知易用性、优惠券倾向、感知可靠性对态度均有显著的正向影响，态度、个人创新性、社会影响和兼容性对行为意图也均有显著的正向影响。调节作用的分析表明价值意识或价格意识较高的用户对移动优惠券的使用意图也越强。

严等（Im et al.，2012）基于 IDT 理论和 TAM 模型研究了美国用户对移动优惠券的使用行为。严等（Im et al.，2012）首先根据个人创新性将用户分为四类：创新者、早期大众、晚期大众和落伍者，并以 TAM 模型为理论基础提出了对用户使用行为可能产生影响的六个变量：感知有用性、感知易用性、娱乐性、社会影响、兼容性风险和态度。通过对收集的数据进行回归分析发现除了感知娱乐性和感知易用性以外，其他变量均显著影响用户的采纳行为，而且不同类别的用户受不同因素的影响。创新者的采纳行为受感知有用性和主观规范的积极影响，早期大众的采纳行为受兼容性和主观规范的积极影响，晚期大众的采纳行为受兼容性的正向影响和感知风险的负向影响，落伍者仅受兼容性的正向影响。

蒋等（Chiang et al.，2013）基于获取－交易效用理论和 TAM 模型构建了移动优惠券的使用模型。结果表明优惠券倾向和感知易用性正向影响感知有用性，感知有用性和感知易用性正向影响态度，感知有用性和态度又正向影响使用意图。

刘等（Liu et al.，2015）基于感知价值理论和个人特征相关理论对用户采纳移动优惠券 APP 的意愿进行了研究。结果发现感知的经济利益、感知的便利性正向影响感知的价值，感知的费用和感知的风险负向影响感知的价值。同时，感知的价值、感知的创新性和优惠券倾向是用户采纳意愿的重要预测因素。另外，研究还发现性别起到调节作用。

少数学者专门针对基于地理位置服务的移动优惠券采纳行为进行了研究。由于地理位置服务与个人隐私紧密相关，因此学者们主要从个人隐私的视角展开了研究。徐等（Xu et al.，2005）以基于地理位置的推式移动优惠券服务为研究情境，分析了服务提供商对隐私和信任的相关干预措施对用户信任信念和感知隐私风险的影响，信任信念和感知隐私风险进而影响用户采纳服务的意图。结果表明服务提供商增加第三方隐私图章（third party seal）、遵守隐私偏好设定平台协议（P3P compliance）和增强设备的隐私保护都有利于建立用户的信任信念。另外，第三方隐私图章和增强设备的隐私保护还可以减轻用户感知的隐私风险。古普塔等（Gupta et al.，2011）在基于地理位置的移动优惠券服务情境下分析了隐私关注对用户使用意图的影响，并进一步对比了研究变量对拉式服务和推式服务采纳的不同影响。结果发现两种服务模式下，努力期望、性能期望和个人创新性对使用意图都有显著的正向影响。不同的是在拉式服务模式下，用户的隐私关注通过性能期望间接影响使用意图，而在推式服务模式下，隐私关注对使用意图有显著的直接影响。由此可见，用户的隐私关注对推式优惠券服务使用意图的影响更大。

2.1.2.2 移动优惠券用户的兑现行为研究

一部分学者采用实证研究的方法研究了用户的移动优惠券兑现行为。迪金格和克莱内（Dickinger & Kleijnen，2008）基于 TAM 模型和 TPB 模型构建了用户的移动优惠券兑现模型，如图 2-1 所示。模型通过经济利益来衡量感知有用性，兑现努力衡量感知易用性，并将兑现努力作为经济利益的前因变量，经济利益和兑现努力作为态度的前因变量，害怕侵扰作为影响感知控制的重要因素，态度、感知控制、主观规范和过去的优惠券使用经历作为影响兑现意图的变量。实证研究结论表明所有的基本路径假设均得到支持。同时，该研究基于优惠券倾向和价格意识两个变量的数值做聚类分析，将样本分为价值追寻者和优惠券冷漠者两组，对这两个组别的样本数据进行多组分析，结果发现和优惠券冷漠者相比，价值追寻者的兑现努力对态度的负向影响更强，害怕侵扰对感知控制的负向影响也更大，而过去的优惠券使用经历对使用意图的影响更弱。

阿查迪尼亚等（Achadinha et al.，2014）借鉴迪金格和克莱内（Dickinger & Kleijnen，2008）的模型构建了一个推式移动优惠券的兑现模型来研究非洲南部用户兑现移动优惠券的影响因素，具体如图 2-2 所示。

用户的兑现行为意味着用户对产品或服务的购买。徐等（Xu et al.，2011）在基于地理位置的移动优惠券服务情境下围绕服务的个性化特征、用户的个人特征差异和隐私计算理论构建了用户的购买行为模型，如图 2-3 所示。该模型认为服务的个性化影响信息揭露的感知利益和感知风险，用户对感知利益和感知风险的衡量影响感知价值，感知价值和用户的个性特征——

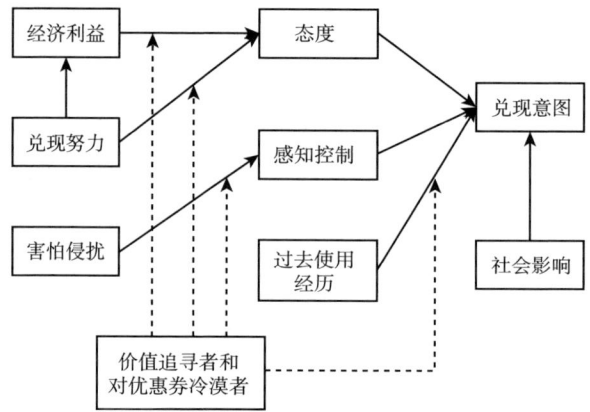

图 2-1 迪金格和克莱内（Dickinger & Kleijnen，2008）的研究模型

资料来源：Dickinger A, Kleijnen M. Coupons going wireless: Determinants of consumer intentions to redeem mobile coupons [J]. Journal of Interactive Marketing, 2008: 22（3）: 23-39。

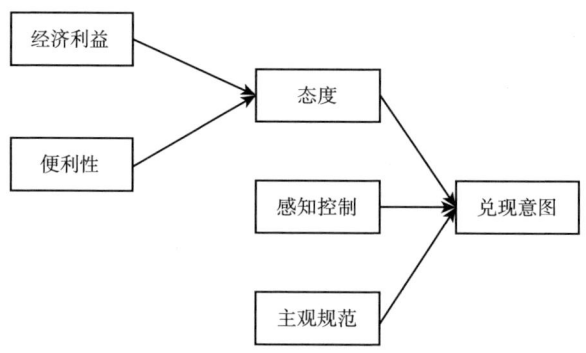

图 2-2 阿查迪尼亚等（Achadinha et al.，2014）的研究模型

资料来源：Achadinha N M J, Jama L, Nel P. The drivers of consumers' intention to redeem a push mobile coupon [J]. Behaviour & Information Technology, 2014, 33（12）: 1306-1316。

个人创新性和优惠券倾向又对个人信息揭露意愿产生影响，最终影响用户的购买意图。个人隐私侵犯经历对感知风险也会产生影响。另外，模型还考虑了基于地理位置的两种服务模式——信息隐蔽模式和信息公开模式的调节作用。该研究的结论表明个性化对信息揭露感知的利益有正向影响，但是对感知风险的负向影响仅在信息隐蔽模式下是显著的；同样地，先前隐私侵犯经历对感知风险的积极影响和优惠券倾向对信息揭露意愿的积极影响也只在信息隐蔽模式下是显著的,优惠券使用倾向对使用意愿有显著影响。调节作用的检查结果表明服务模式的类型起到了调节作用。具体来说,和信息公开模式相比,在信息隐蔽模式下,个性化对信息揭露的感知利益和感知风险的影响、个人隐私侵犯经历对信息揭露感知风险的影响以及个人创新性和优惠券倾向对信息揭露意图的影响均更强。

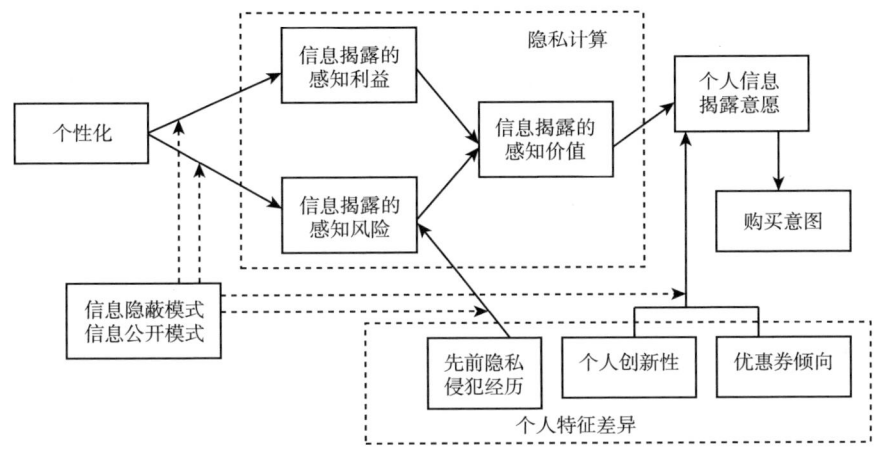

图 2-3 徐等(Xu et al.,2011)的研究模型

资料来源:Xu H, Luo X R, Carroll J M, et al. The personalization privacy paradox: An exploratory study of decision making process for location-aware marketing [J]. Decision Support Systems, 2011, 51 (1): 42-52。

还有一些学者采用实验设计的方法研究了影响用户兑现移动优惠券的影响因素。巴塞利等(Bacile et al.,2011)对比了在定制时间和非定制时间向用户发送优惠券时,用户对移动优惠券和该公司的态度以及兑现该公司所提供的优惠券的意图。结果发现当公司在用户所定制的时间发送移动优惠券时,用户对移动优惠券及公司的态度更积极,兑现该公司优惠券的意图也更高。

巴内吉等(Banerjee et al.,2010)检查了移动优惠券的折扣大小(高面值和低面值)、折扣形式(金额折扣和比例折扣)、发送时间(上午和下午)以及产品类型(实用型和享乐型)对兑现率的影响。这项研究得到的结论是:单个因素中,只有发送时间对享乐型产品(如甜点)的兑现率有显著影响,而单个因素之间的交互作用对兑现率有很多影响,如对于功能型产品,金额折扣对优惠券兑现率的影响很显著;而对于享乐型产品,优惠券的发送时间对兑现率的影响很显著。

哈耶扎德等（Khajehzadeh et al.，2014）研究了产品类型（实用型和享乐型）、消费者需求时间的一致性（近期需求和未来需求）之间的调节匹配性对消费者的推式移动优惠券兑现意图的影响，同时该实验设计将消费者的购物动机（享乐性和实效性）作为调节变量，具体的研究模型如图2-4所示。实验研究发现对于优惠券所涉及的享乐型产品来说，优惠券所涉及的实用型产品使具有实效性动机的购物者感知的调节匹配更一致，兑现优惠券的可能性也更大；和满足用户未来的需求产品优惠券相比，满足用户近期需求的产品优惠券使购物者感知的调节匹配更一致，兑现优惠券的可能性也更大。对于具有享乐性动机的购物者来说，优惠券所涉及的产品类型和对用户近期及远期需求的满足对购物者调节匹配一致性的影响和兑现优惠券的影响都不存在差异。这项研究解释了为什么享乐性购物者比强调实效性的购物者兑现更多类型的优惠券以及为何实效性购物者需要采用更加个性化的优惠券促使其去兑现。

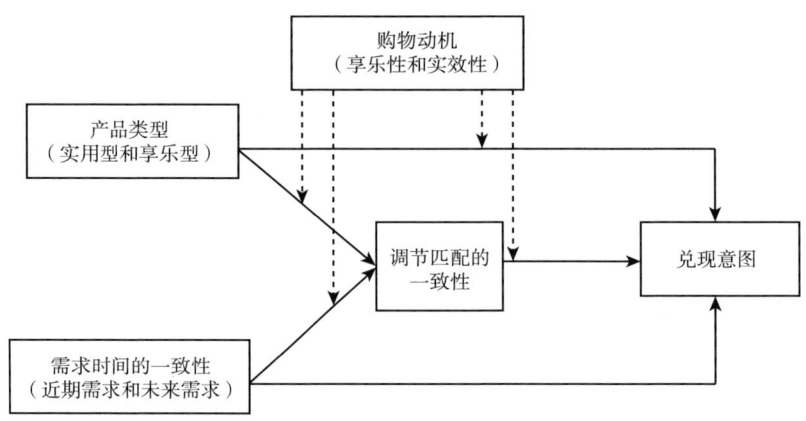

图2-4 哈耶扎德等（Khajehzadeh et al.，2014）的研究模型

资料来源：Khajehzadeh S, Oppewal H, Tojib D. Consumer responses to mobile coupons: The roles of shopping motivation and regulatory fit [J]. Journal of Business Research, 2014, 67 (11): 2447-2455。

2.1.2.3 移动优惠券用户的转发分享行为研究

对优惠券转发的研究主要集中在转发、分享系统和转发激励机制的设计方面，少数的学者研究了用户的移动优惠券转发分享行为。李玉豪（2011）

从心理学的视角引入了解释水平理论和调节定向理论研究消费者使用和转发移动优惠券的意愿，研究模型如图 2-5 所示。解释水平理论认为人们对事件的解释会随着对事件心理距离的知觉而发生系统改变，从而影响人们的反应。心理距离主要可以分为时间距离、空间距离、社会距离和真实性四个维度（Bar-Anan et al. 2006）。该研究认为人们对移动优惠券的心理距离主要涉及空间距离维度（消费者离兑现地点的距离）和社会距离维度（消费者对优惠商户的熟悉程度）。个体的调节定向有两种，一种是促进定向，另一种是预防定向。促进定向和预防定向在目标追求过程中分别关注积极结果和消极结果的有无，这种差异直接影响人们对不同信息的敏感程度（Kirmani et al. 2007）。该研究将感知有用作为态度的前因变量，自我效能、态度、调节定向、社会距离和空间距离作为用户转发意愿和使用意愿的影响因素进行实验设计研究。结果表明自我效能和态度都正向影响转发意愿和使用意愿，社会距离负向影响转发意愿，促进型定向的消费者比预防型定向的消费者转发意愿更高。

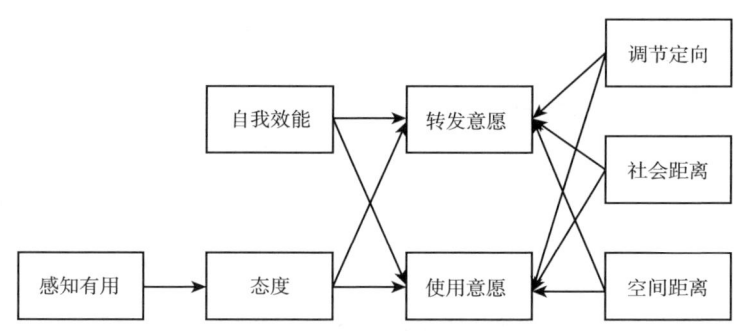

图 2-5　李玉豪等（2011）的研究模型

资料来源：李玉豪，胡立斌，王刊良. 移动折扣券转发意愿研究［C］. 上海：信息系统协会中国分会第四届学术年会，2011：115-119。

加西莫夫等（Gasimov et al., 2010）从认知努力理论和社会资本理论的视角研究了优惠券的分发渠道（电子邮件或 SMS）和优惠券来源（商家或同伴）对用户转发行为和兑现行为的影响，研究模型如图 2-6 所示。认知努力理论认为人的认知能力是有限的，所以个体只会付出必要的努力令自己满意，而不是花更多的努力做到最好。当个体面临一个任务时，需要付出的努力越多，积极性就会越低。该研究认为 SMS 优惠券在兑现操作上比电子邮件优惠券更容易，而在转发操作上比电子邮件更加复杂，因此 SMS 优惠券的兑现率高于电子邮件优惠券，而转发率低于电子邮件优惠券。同时，社会资本理论认为同伴的意见对消费者购买决策的影响最重要，因此消费者对同伴转发的优惠券比从商家处接收到的优惠券兑现的可能性更高。实验数据的分析表明SMS优惠券的转发率低于电子邮件优惠券，消费者兑现同伴转发的优惠券的可能性高于从商家处接收到的优惠券，而SMS优惠券的兑现率高于电子邮件优惠券这一结论没有得到支持。研究结论证明了鼓励用户转发优惠券有利于促进更多的潜在用户兑现优惠券，进而提高兑现率。

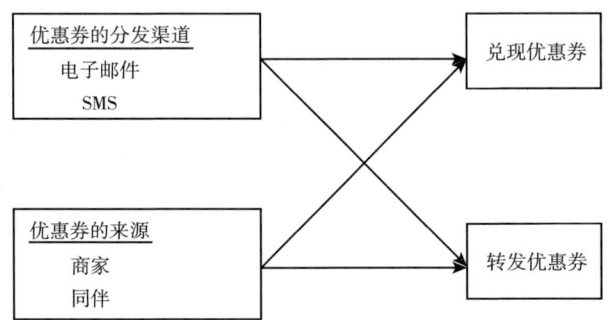

图2-6　加西莫夫等（Gasimov et al., 2010）的研究模型

资料来源：Gasimov A, Sutanto J, Tan C H, et al. Do the means and the source matter? A study on the actual usage of digitally disseminated coupons [J]. AIS Transactions on Human-Computer Interaction, 2010, 2 (1): 1-15。

2.3　消费者的口碑推荐行为研究

移动优惠券的转发推荐行为类似于消费者对产品或服务的口碑推荐行为，因此本节将对口碑推荐行为、口碑推荐行为的研究视角和主要影响因素的相关研究成果进行概述和总结，以期为本书的研究提供借鉴和指导。

2.3.1　口碑推荐

口碑推荐是消费者购买决策的关键信息来源，可以帮助消费者减少与企业之间的信息不对称，降低购买风险。因此口碑推荐对消费者判断产品或服务的价值和做最终的购买决策有重要影响。产品或服务的正面口碑推荐可以帮助企业提高潜在客户对产品的认知,吸引新顾客和促进产品销售(Chervonnaya,2003)。企业已经将消费者的正面口碑推荐视为了一种重要的营销方式。

学术界对口碑推荐的定义存在两种观点:一种普遍的观点认为口碑推荐可以理解为口碑传播,如安德森(Anderson,1998)将口碑推荐定义为个体之间关于某种产品或服务看法的非正式传播,这种传播可以是正面的也可以是负面的。正面的口碑传播即为正面推荐,负面的口碑传播即为负面推荐。另外一种观点则认为推荐是一种积极的口碑传播(Keaveney,1995),按照这个观点,口碑推荐就是指个体对某个产品或服务进行的正面口碑传播。虽然这两个观点对口碑推荐的理解存在一定的分歧,但是有一点却达成了共识,即正面的口碑推荐就是一种正面的口碑传播行为。

口碑推荐和口碑传播虽然很相似,但是也有一定的差别。口碑传播的重点是对产品或服务相关信息的一种随意性的沟通交流(郭贝贝,2012),而口碑推荐除了信息交流之外,还有更深层次的含义。口碑推荐行为带有更强的感情色彩,例如,希望口碑接受者不要购买或者购买这个产品或服务。尤其是消费者进行正向的口碑推荐时,往往非常期望口碑接受者也去购买同样的产品。因此,本书将正面的口碑推荐行为定义为消费者向其他群体或个体推荐购买所交流的产品或服务的行为。用户将移动优惠券转发给自己的亲朋好友或熟人就是告诉他们相关的优惠促销信息,希望他们也去兑现,所以移动优惠券的转发推荐行为应该属于正面的口碑推荐行为。

2.3.2 口碑推荐行为的研究视角和影响因素

学者并没有严格区分口碑推荐和口碑传播,大多数研究往往以口碑传播为研究主题,将口碑推荐作为口碑传播的一个测量维度。因此,本书将综述口碑传播的主要影响因素。

许多学者从动机的视角分析了消费者进行口碑传播的影响因素。迪希特(Dichter,1966)首先将口碑传播的动机分为四类:与产品相关、与自我相关、与他人相关和与信息相关。与产品相关的动机是指消费者购买产品时会产生紧张感,这种紧张感需要通过与他人交流来缓解;与自我相关的动机是指消费者希望通过口碑传播来获得尊重和认同,满足自我肯定的需要;与他人相关的动机是指消费者想和他人分享信息、帮助他人、表达关心和友爱；与信息相关的动机是指消费者受到所收到的信息如产品的广告、公共宣传等的刺激而进行的口碑传播。后来的学者在此基础上对口碑传播动机进行了更加深入细致的研究。森德拉姆等（Sundaram et al.，1998）提出了影响传统口碑传播的8个动机因素：利他主义、产品涉入、自我加强、帮助公司宣传、自我利他主义、减少焦虑、报复和需求建议。其中前面4个动机因素属于正面口碑传播动机，后面4个动机因素是负面口碑传播的动机。随着网络口碑传播的兴起，学者们也研究了网络口碑的传播动机，比较典型的研究如下：托斯顿等（Thorsten et al.，2004）提出了消费者参与产品在线评论的8个动机，包括关心其他消费者、期望信息平台协助、发泄负面情绪、帮助公司、获得经济奖励、社会利益、自我提升和需求建议；何等（Ho et al.，2010）的研究表明表达个性的需要和利他主义影响消费者在线评论；阎俊等（2012）的研究得出了我国消费者进行网络口碑传播的7个动机，包括网络社区的兴衰、获得经历、信息回报、情感分享、支持或惩罚商家、提升自我形象和促进商家改进服务。

　　一些学者从个人差异的视角分析了消费者进行口碑传播的影响因素。沃尔什等（Walsh et al.，2004）的研究表明乐于助人、热爱交际以及具有信息分享义务感的消费者会乐于口碑传播。克拉克等（Clark et al.，2005）发现人际影响规范的敏感度和独特性需求对口碑传播有积极的影响。李等（Lee et al.，2012）的研究表明具有交往型社会构建的消费者比独立型社会构建的消费者更愿意进行口碑传播。张和李（Cheung & Lee，2012）发现个体的集体主义归属感和助人为乐对消费者的在线评论有积极影响。也有一些学者从消费体验的视角研究口碑传播的影响因素。这些研究表明消费者从消费经历中产生的满意度、情绪和体验价值对口碑传播会产生影响。例如，对消费体验满意的顾客会进行正面口碑传播（Sundaram et al.，1998）；由产品带来的积极情绪或消极情绪会影响消费者的口碑传播意图，某些中性情感如惊奇也会影响口碑传播行为（Westbroo，1987）；用户感知的体验价值对口碑传播有正向影响（Blackwell et al.，2001）。另外，还有一些学者从企业的视角进行了分析，发现企业的服务质量、企业声誉、员工与消费者的和谐关系对消费者的正面口碑传播行为有重要影响（Gremler et al.，2001；Harrison-Walker，2001）。最后，部分学者也研究了社会网络结构对口碑传播行为的影响。研究发现网络结构的密集性会影响网络口碑的传播意愿（Sohn，2009），顾客社会网络的中心度和凝聚子群通过正向影响顾客与顾客的关系进而影响顾客的推荐行为（郭贝贝，2012）。

2.4 移动社交媒体用户的信息分享和转发行为研究

现有研究主要基于微博或微信对用户的信息分享和转发行为进行了研究。在微博用户信息分享和转发行为研究中，学者们主要研究了微博用户对四大类型的信息，包括政治信息、突发事件信息、随机信息和商业品牌信息的转发行为（金晓玲等，2015）。围绕这些类型的信息，学者们探讨了微博用户转发行为的关键影响因素。研究表明信息来源的特征因素如粉丝数、关注数、微博数、可信度、流行度、加"V"认证情况、关系强度等会影响微博用户的转发行为（Liu et al.，2012）。同时，微博信息特征如信息表现形式、被转发数量、内容趣味性、内容实用性、感知信息质量、信息内容中所表达的情感等因素也会影响微博用户的转发行为（Acker et al.，2014；刘硕，2019；厉钟灵，2012；Zhang et al.，2014；Stieglitz et al.，2013）。此外研究也表明用户和商业品牌的关系、用户的情感需求、用户的利他动机和提升动机、用户的感知因素（如感知有用性、感知愉悦性）等对微博用户转发行为也会产生影响（Kim et al.，2014；孙会和李丽娜，2012；赖胜强，2015；Yan & Huang，2014）。

对微信用户信息分享和转发行为研究中，张雅靖（2019）的研究表明用户特征如性别、学历、收入水平、分享习惯等，信息特征如信息专业度、信息吸引力和信息媒介丰富度会促进微信用户对医疗众筹信息的转发行为，而感知风险因素如感知社会风险和隐私风险对转发行为起阻碍作用。张梦佳（2015）研究了微信公众号系统质量的安全性、可靠性和可得性，信息质量的准确性、真实性和实用性，用户感知的有用性、易用性、隐私风险和社会风险，以及用户感知的功能价值、情感价值和社会价值对用户转发微信公众号推送信息的影响。栗芸（2016）的研究表明媒介丰富度、意见领袖、推送及时性、激励性和关系强度通过认知性态度和情感性态度的部分中介作用对微信分享意愿产生影响。张坤（2020）对微信朋友圈用户健康信息转发行为的研究指出外部影响因素如健康信息质量、发布方认可度、平台服务质量和管理规范性以及内部影响因素如用户的个人偏好、感知风险和收益均会影响微信用户在朋友圈转发健康信息。王等（Wang et al.，2020）的研究表明在线健康信息体验、权威倾向和关系倾向正向影响老年人在微信平台分享健康信息。陈等（Chen et al.，2020）从社会资本的视角探讨了微信平台感知的整合通过感知相似性和社会互动对大学生基于微信平台开展共青团校园活动时的信息获取和分享评论行为产生影响。

2.5 分享行为的激励机制研究

2.5.1 基本的激励理论

激励是指从个体或群体的需求和动机出发，采取有效的措施或手段促进个体或群体的行为以实现企业或组织的目标。在管理经济学和组织行为学领域，学者们对激励问题展开了大量的研究，并形成了典型的激励理论。从管理经济学的角度出发，学者们的研究所涉及的理论主要包括委托代理理论、社会交换理论、交易成本理论。从组织行为管理的角度来看，学者们从内容、过程和行为方面出发将激励理论主要分为了内容激励理论、过程激励理论、行为激励理论和综合激励理论，具体如表2-2所示。

表2-2　　　　　　　组织行为管理中典型的激励理论

理论类型	典型的理论	代表性人物	核心观点
内容激励理论	需求层次理论	马斯洛（Maslow A）	人的需求从低到高可分为五个层次：生理需要、安全需要、社会需要、尊重需要、自我实现需要。低层次的需要得到相对满足后才会产生更高一次的需要。未满足的需要能影响行为
	双因素理论	赫茨博格（Herzberg F）	企业中工作以外的因素，诸如工作环境、工作条件和工作关系相关的因素属于保健因素，容易导致员工的不满意。与工作内容或工作本身相关的因素，如工作成就、赞美、晋升等相关因素属于激励因素，可以使人满意并激发工作热情。因此企业要调动员工的积极性，不仅要注意满足工作以外的"保健因素"相关需求，还要满足"激励因素"相关需求
	成就需要理论	麦克雷兰德（McClelland D）	人最主要的需要包括三种：第一，成就需要：追求卓越、获得成功；第二，权力需要：影响或控制他人且不受他人控制；第三，亲和需要：建立友好亲密的人际关系，寻求被他人喜爱和接纳

续表

理论类型	典型的理论	代表性人物	核心观点
过程激励理论	期望理论	弗隆姆（Vroom V）	个体采取某种行为的动力和以下两类因素有关：一是个人主观判断在多大程度上能够达到期望的结果目标，即期望值；二是期望的行动结果在多大程度上能够满足个体的需要，即效价
过程激励理论	公平理论	亚当斯（Adams J S）	主要讨论报酬分配的公平性对员工工作积极性的影响。员工工作的积极性不仅会受绝对报酬的影响，还会受与他人相比以及与自己过去相比，收支比例是否公平的影响
行为激励理论	强化理论	斯金纳（Skinner B F）	通过改变外部的环境刺激可以保持、增强、减弱或消退个体的某种行为，称之为强化。根据性质和目的的不同，强化可以分为正强化和负强化。正强化是指通过奖励增强某种行为，负强化是指通过惩罚或减轻奖励或不予奖励以削弱某种行为
综合激励理论	波特-劳勒激励过程模型	波特（Porter）和劳勒（Lawler）	员工的工作绩效受多种因素的影响，激励过程是外部刺激、个体内部条件、行为表现和行为结果相互作用的统一过程
综合激励理论	豪斯综合激励模式	豪斯（House R）	激励效果为内在激励因素和外在激励因素的激励效果之和。其中内在激励的效果包括任务本身所提供的内在报酬效价、任务能否完成的期望值与完成任务的内在效价乘积；外在激励的效果是指各种可能的外在奖励所引起的激励效果之和
综合激励理论	VIE理论	布朗（Balon R A）	V指value，效价；I指instrumentality，手段；E指expectancy，期望。激励是效价、手段和期望的乘积，其中一项为零，激励就为零

资料来源：笔者根据相关文献整理。

2.5.2 知识分享激励的相关研究

目前分享激励相关的文献多集中在企业或组织对员工的知识分享激励研究以及虚拟社区中社区成员的知识分享激励研究。综合来看，学者们从不同的理论视角解释了知识分享行为背后的根本原因，并探索了有效的激励方式，具体如下：

2.5.2.1 经济学理论视角

一部分学者从经济学的视角出发，认为知识分享行为类似于经济交换行为。基于"经济人"假设，获得最大化"利益"是知识拥有者分享知识的主要目的。因为知识是个体的独有资源，个体分享知识不仅会丧失知识的"所有权"而且可能失去由知识为自身带来的竞争优势。因此知识分享的动力来自知识分享者预期分享行为能够带来比分享成本足够高的经济收益（Davenport & Prusak，1998）。这种经济收益既可以是物质奖励也可以是非物质奖励。由于收益来自外部，因此被称为外部性激励。

学者们也从该理论视角实证检验了经济激励对知识分享的激励效果，但并没有得到一致的研究结果。有的学者发现经济激励显著地正向影响企业员工的内部知识分享行为，但是也有学者发现经济激励对员工知识分享并没有激励效用（Lin，2007；Lee et al.，2011），甚至有学者发现当个体以追求个人利益为主时，经济激励对其知识分享有显著的负向影响（谢荷锋和肖东生，2007）。学者们认为产生矛盾结果的原因在于：其一，知识产生的价值是动态变化和难以衡量的。不同的场景和不同的知识接收者对知识的感知价值不同，因此知识拥有者很难量化和预估分享之后的收益高低（谢荷锋和刘超，2014）。其二，除了"经济人"假设之外，学者们也提出了"社会人"假设。作为"社会人"，个体的社会交往状况和社会心理对其行为产生更重要的影响。因此，知识分享行为的激励不仅局限于经济利益激励，还需考虑社会学和心理学方面的激励因素。

2.5.2.2　社会学理论视角

部分学者从社会学的视角出发，指出知识分享行为可以视作一种社会交换行为。社会交换行为是指个体与他人的社会交往互动。在社会交往中，人的一切行为都以交换为目的。除了物质交换以外，还包括社会学中的一些非物质变量，如荣誉、地位、名誉等。因此这些非物质的社会利益会激励员工的知识分享行为（谢荷锋和刘超，2011）。学者们通过实证研究证实了对知识分享行为起激励作用的主要社交因素有名誉、互惠、尊重、地位、声望、主观规范、认同、社会互动等（Lee et al.，2011；Yan et al.，2016；Chang & Chuang，2011；张敏等，2017）。和经济激励类似，这些激励因素来自外部，因为也被称为外部激励因素。

2.5.2.3 社会心理学理论视角

学者们从社会心理学视角提出知识分享行为是一种自我决定行为。自我决定行为是个体在充分认识个人需要和环境信息的基础上做出的行为选择。这种行为选择强调满足个体的自主需要、能力需要和归属需要可以增强其内部动机并促进外部动机内化，从而促使个体积极地从事某一项活动（刘丽虹和张积家，2010）。因此，企业更应该关注员工知识分享的内部激励因素。现有文献的实证研究表明利他、自我效能感、信任、助人为乐的愉悦感等（Lee et al., 2011; Hsu et al., 2007; Tong et al., 2007; 关涛和沈涵，2017; 陈星等，2017）社会心理因素对知识分享行为起到内部激励作用。

2.5.2.4 内外部激励因素的"拥挤效应"

基于上述三种理论视角，学者们综合以上三种类型的激励，探索了经济、社会和社会心理相关激励因素对知识分享行为的综合作用。结果发现当综合运用这些激励手段时，经济、社会相关的外部激励因素和社会心理相关的内部激励因素在一定条件下存在"拥挤效应"。"拥挤效应"是指外部激励和内部激励同时存在时的相互作用关系。"拥挤效应"包括"挤出效应"和"挤入效应"（Frey & Jegen, 2001）。"挤出效应"指激励因素之间激励效果的削弱效应。"挤入效应"指激励因素之间激励效果的增强效应。弗赖和雷托（Frey & Reto, 2000）指出当外部干预被个体认为是在控制自己，降低了其自主性；个体的内在激励动机不被承认和支持，有损其自尊；内在激励为行为的主要驱动力时，"挤出效应"就会发生。反之，当个体的自主性和自尊得到增强时，"挤入效应"就会发生。

2.6 现有研究述评

移动优惠券促销是基于移动商务的发展衍生出来的一种新型的营销方式。随着移动通信技术的日益成熟和移动用户规模的不断扩大，移动优惠券将成为商家开展促销活动、提高优惠券兑现率的重要营销利器。尤其是移动社交媒体的发展将促使移动优惠券营销形成一个用户自传播的社会化营销系统，为商家带来更大的商业价值。用户对优惠券的转发推荐和社交媒体分享对移动优惠券营销的成功具有至关重要的作用。从目前的研究文献来看，移动优惠券的用户分享行为虽然已经得到了学术界的关注，但现有研究还存在以下不足：

（1）从移动优惠券用户行为的研究文献来看，现有文献多集中在用户对移动优惠券的采纳和兑现行为研究。只有少数文献在社交媒体背景下探讨了用户分享优惠券的动机和影响因素，对于用户在移动社交媒体进行优惠券分享的行为机理如何还缺少系统的研究。

（2）移动优惠券可以实现在消费者之间进行方便的转发和传播，这种转发能够促进更多的用户兑现优惠券，提高兑现率。从口碑推荐行为的相关文献来看，学术界非常关注消费者的口碑推荐行为，并取得了丰硕的研究成果。然而目前较少有研究关注用户对移动优惠券的转发推荐行为。口碑推荐的相关研究成果是否适用于移动优惠券的转发推荐行为，移动优惠券的转发推荐行为又受何种因素的影响还需进行更加深入的研究。

（3）目前移动社交媒体可以分为商务型和社交型两大类型。用户通过这两大移动社交媒体都可以进行优惠券分享。但是目前鲜有文献细分探讨用户在这两大类移动社交媒体进行优惠券分享的行为机理和影响因素。

（4）用户的优惠券分享行为对移动社交媒体环境下优惠券促销活动的成功开展至关重要，因此商家采取了一定的经济激励手段促进用户的分享转发。但是这种激励方式是否能够真正发挥作用，除了经济激励以外其他激励方式是否也行之有效都还不清楚。另外，社交媒体的平台很多，比如微博和微信都是国内主流的社交型移动社交媒体，那么激励因素对用户分享平台的选择有何影响也少有文献探讨。

（5）如何激励用户在移动社交媒体分享优惠券是商家关注的主要问题。现有文献多集中在对组织内部员工或虚拟社区成员知识分享行为的激励，鲜有文献探讨移动社交媒体用户的优惠券分享行为的激励机制和激励策略。

为了帮助学术界和业界更好地理解移动社交媒体用户的优惠券分享行为及激励机制，本书将针对以上问题进行一一探讨。

2.7 本章小结

本章首先归纳分析了移动优惠券的相关概念、特征和类型。其次，回顾和梳理了优惠券相关的用户行为、消费者的口碑推荐行为、移动社交媒体用户的信息分享行为及分享行为的激励机制相关研究，基于此讨论了现有研究存在的问题，找到了本书的研究方向。

| 第3章 |
用户兑现体验对移动优惠券转发推荐意愿的影响研究

3.1 问题的提出

网络技术的发展为消费者分享消费信息创造了便利条件，越来越多的消费者在网上表达自己的消费经历和对产品或服务的看法。通过网络，口碑信息可以突破时间和空间的限制，迅速地传达到更大范围的相关消费者。各种网络沟通交流平台的出现使网络口碑信息的扩散速度不断加快，口碑传播效应也不断扩大。尤其是近年来，随着微博、微信等社交媒体的兴起，移动社交应用用户数量不断增长。口碑传播在速度、数量和范围上都呈裂变式增长，口碑信息的影响力也随之无限增强。对于企业来说，借助消费者的口碑传播来扩大客户群体，提高经营绩效将是越来越行之有效的途径。相对于商业信息传播来说，口碑传播的信息可信度和可靠性更高，对消费者购买决策的影响力也更大。因此，口碑传播的重要作用受到了移动优惠券 APP 服务提供商的高度重视,许多移动优惠券 APP 平台提供了优惠券分享功能使用户能够方便地将优惠券推荐转发给自己的手机通讯录联络人或社交网络成员。由于用户和接收者之间存在高度的信任,接收移动优惠券的消费者更有可能去兑现优惠券。移动优惠券还可以被接收者二次或多次传播,形成无穷放大的传播网络,由此可以促进更多的消费者兑现优惠券,提高移动优惠券的兑现率。然而,这种自传播营销系统形成的重要先决条件是用户愿意转发推荐移动优惠券,因此了解用户转发推荐移动优惠券的影响因素十分重要。本章将基于 APP 形式的移动优惠券使用情境研究用户转发推荐移动优惠券的影响因素。

用户的移动优惠券转发推荐行为是一种特殊的正向口碑传播行为。在现有的口碑传播研究中,很少有研究关注移动优惠券这种特殊信息的传播,因此本章将借鉴正向口碑传播的相关理论,从用户体验的视角出发构建用户兑现体验影响移动优惠券转发推荐行为的理论模型,探索用户兑现的体验价值(感知优惠券价值和流体验)和兑现满意对优惠券转发推荐意愿的影响,以及用户兑现体验的感知因素(感知平等性、感知经济利益和感知系统质量)对体验价值和兑现满意的影响机理。并由此为服务提供商和商家促进用户转发推荐优惠券,提高优惠券兑现率提供经营策略和措施。

3.2 理论模型与研究假设

消费者主要基于以往的消费经历或经验传播口碑信息(Oliver,1999),这里所说的经历或经验实际上就是指体验。消费体验对口碑传播有显著的重要影响。消费者在消费过程中感知的体验越好,就越有可能进行正面的口碑传播;相反地,消极的感知体验会导致消费者的负面口碑传播行为。消费者在体验的过程中形成对产品或服务得与失的感知,从而产生总体效用评价,即体验价值。因此体验价值可以反映消费者对消费体验的整体感知结果。研究表明体验价值影响消费者购买分享、口碑传播、忠诚度等购后行为(Carpenter,2008)。另外,消费者满意也是消费体验的重要评估结果和进行正面口碑传播的重要前因变量。满意反映了消费者在消费体验之后的一种心理状态,消费者只有在满意的基础上才会进行正向口碑传播,将产品或服务推荐给其他消费者。在移动优惠券的兑现过程中涉及商家、优惠券本身和移动优惠券系统，消费者对环境的感知会影响消费体验，因此本章基于用户兑现移动优惠券所感知的体验价值和满意度，并结合用户在兑现过程中对商家、优惠券本身和移动优惠券系统的感知因素构建用户对移动优惠券的转发推荐意愿模型。其中体验价值包括实用价值和享乐价值，实用价值由感知优惠券价值反映，享乐价值由流体验反映；商家因素主要考虑商家对用户的平等对待，用感知平等性来衡量，优惠券因素主要考虑感知经济利益，系统因素主要考虑感知系统质量。本书提出的理论模型如图3-1所示。

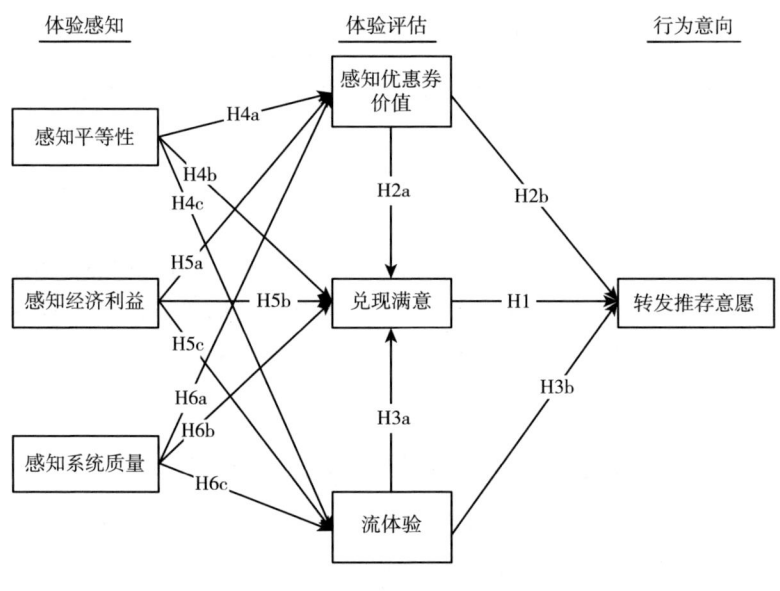

图3-1 理论研究模型

3.2.1 兑现满意

本章中的兑现满意类似于研究中经常提及的顾客满意。顾客满意是企业促进顾客重复购买、保留顾客和维持顾客忠诚、提升企业获利能力的关键，因此在消费行为研究和市场营销研究领域，顾客满意是一个非常重要的研究议题。参考前人的研究，本章将兑现满意定义为用户对兑现移动优惠券之前的预期期望和兑现之后的感知效用之间的差异对比评估和由此产生的愉悦或失望的情感反应。

顾客满意是顾客购后正向口碑传播行为的前提条件。顾客只有在对消费感到满意的情况下才可能进行正向的口碑传播，将购买的产品或服务推荐给他人。因此顾客满意是正向口碑传播的关键因素。许多研究证实了顾客满意对正向口碑传播行为的正向促进作用。艾哈迈德（Ahmad，2012）对线下购物中心的研究发现购物者的满意度对正向口碑传播有显著的正向影响。古纳里斯等（Gounaris et al.，2010）在网络购物情境下的研究也表明顾客满意正向影响正面口碑传播。在本章中，移动优惠券的转发推荐行为是指用户通过和其他消费者的非正式沟通转发推荐移动优惠券，根据口碑传播的定义可以将这种推荐行为视为一种特殊的正面口碑传播行为。基于以上的理论分析可以看出，用户兑现移动优惠券的满意度越高，将移动优惠券转发推荐给其他消费者的可能性就越大，因此提出如下假设：

H1：兑现满意正向影响用户对移动优惠券的转发推荐意愿。

3.2.2 体验价值

目前学术界对体验价值的定义还没有统一的标准，学者们对体验价值的界定主要包括以下三个观点：第一种观点认为体验价值就是顾客感知价值。其中，服务利润链理论将体验价值归入了价值要素，并认为价值包括产品或服务带来的使用价值和消费者在使用过程中的感受价值（詹姆斯·赫斯科特等，2001）；第二种观点认为体验价值是顾客价值的构成要素，是由消费体验引起的有关享乐、美感等的体验消费价值，与理性消费价值相对应（Holbrook & Hirschman，1982）；第三种观点认为体验价值是一种互动的、相对的、偏好的体验，和消费价值并无区别，两者可以统称为顾客价值（Holbrook，1999）。互动性是指体验价值由顾客和产品互动的结果而产生，相对性是指顾客价值可以比较（包含对产品的喜好），偏好性是指顾客对产品价值的判断带有偏好。这种观点还认为体验价值不仅来自所购买的产品，更大程度上来自消费体验的过程。从以上观点可以看出学者们给体验价值所下的定义涉及了环境、感知、互动和情感等因素，体验价值给消费者提供的收益既包括产品的功能效用收益也包括产品或服务给消费者带来的愉悦的情感感受。综合以上观点，本章将用户的体验价值定义为：用户在移动优惠券兑现体验的经历中所获得的整体感知和评价。体验价值可以划分为不同的维度，学者们对体验价值的维度划分也提出了许多不同的看法。其中，巴宾等（Babin et al.，1994）主张将体验价值分为功效价值和享乐价值，这个观点被许多学者采用。因此本研究采用了这种"二分法"，用感知优惠券价值代表移动优惠券兑现体验的功效价值，流体验代表兑现体验的享乐价值。

3.2.2.1 感知优惠券价值

感知优惠券价值是用户对移动优惠券兑现体验的理性评价，即用户对兑现移动优惠券所带来的功效性价值（如性价比）的整体评估。感知优惠券价值反映了用户对兑现移动优惠券所感知的实际绩效，显然，用户感知的实际绩效越高，就越有可能达到甚至超过用户兑现前的预期期望，使用户感到满意，因此，本章认为感知优惠券价值正向影响兑现满意。

口碑推荐的相关研究表明口碑推荐存在社会风险，如果接收者对推荐购买不满意就可能伤害接收者和推荐者的关系，因此社会风险会阻碍口碑推荐行为的发生（Folkes，1984）。当推荐者对提供的信息感到有足够的把握和信心时，会降低感知的社会风险，从而增强口碑推荐意愿。在移动优惠券研究情境下，用户感知优惠券价值越大，对接收者接受移动优惠券的可能性就越有信心，进而也越有可能转发推荐移动优惠券。综上所述，提出以下假设：

H2a：感知优惠券价值正向影响兑现满意。

H2b：感知优惠券价值正向影响用户对移动优惠券的转发推荐意愿。

3.2.2.2 流体验

流体验是学者们从心理学视角对消费体验的阐释，指个体完全投入某种活动的感觉，是一种最优体验过程（段菲菲等，2017）。当个体处于流体验状态时，会专注于所做的事情，产生潜在的控制感和愉悦感，因此流体验可以反映消费体验的享乐价值。在本研究中，流体验是指用户在兑现移动优惠券的整个消费体验过程中所获得的一种专注、控制感和愉悦感的整体感知状态。用户兑现移动优惠券都期望有好的兑现体验，当期望满足时，就会感到满意。流体验是最优的体验过程，而且当用户达到流体验时，愉悦感也随之产生，因此流体验可以增加用户的兑现满意。

研究表明情绪对口碑传播意愿有重要影响，其中，积极情感会导致消费者进行正面的口碑传播。流体验能够激起用户的愉悦情绪，从而促进用户进行正面的口碑传播，将移动优惠券转发推荐给别人。流体验也是用户兑现体验感知的享乐价值，余等（Yu et al.，2013）对基于地理位置的社交网络服务的研究表明享乐价值正向影响积极的口碑传播意愿。因此，提出如下假设：

H3a：流体验正向影响兑现满意。

H3b：流体验正向影响用户对移动优惠券的转发推荐意愿。

3.2.3 感知平等性

感知平等性是指用户在兑现移动优惠券的过程中被商家平等对待的感觉。公平理论认为人们常将自己的得失与同等情况下他人的得失相比较，用相对得失来综合衡量自己的总体得失（Ursula & Nicola，2012）。用户兑现移动优惠券时会和其他到店消费而没有使用优惠券的顾客相比较。相对于这些顾客来说，用户使用移动优惠券属于一种额外的付出，以更加优惠的方式获得和这些顾客同等质量的产品和服务是额外付出所得到的回报。因此，用户感知的平等性越强，感知的回报就越多，从而感知优惠券价值也会随之增强。

顾客对公平对待的感知以及公平程度的大小会影响顾客满意。顾客将自己的得失比率与他人相比时，如果感觉自己的得失和他人的相当，就会感知被公平对待，产生满意感。用户兑现移动优惠券时，只有得到商家的平等对待才会感觉使用移动优惠券的额外付出获得了相应的回报，感知到公平。因此，本章认为用户的感知平等性正向影响兑现满意。

优惠券容易引发消费者的负面感知，如怀疑商家采用优惠券推销卖不出去的产品，兑现优惠券时感觉尴尬或受到歧视（Brumbaugh & Rosa，2009），害怕兑现优惠券会丢面子。因此，用户兑现移动优惠券时，如果商家不能像对待其他顾客一样平等地对待用户，使用感觉商家为自己提供的产品和服务比其他顾客差或受到商家歧视时，用户会产生不好的体验，从而不能达到流体验的状态。因此，提出如下假设：

H4a：感知平等性正向影响感知优惠券价值。

H4b：感知平等性正向影响兑现满意。

H4c：感知平等性正向影响兑现移动优惠券的流体验。

3.2.4 感知经济利益

感知经济利益是指用户对移动优惠券的面值或折扣感知到的省钱程度。感知优惠券价值是用户基于兑现优惠券所付出的成本和获得的效用利益进行的整体评估。经济利益属于用户兑现移动优惠券所获得的效用利益。因此，用户感知的经济利益越大，对兑现移动优惠券感知的效用利益越大，感知优惠券价值也就越强。

消费者兑现优惠券的目的是期望在消费时获得一定的折扣和优惠，节省支出费用。当用户感知兑现移动优惠券获得的经济利益越大时，越能满足省钱的期望，因此感知经济利益对兑现满意有正向影响。

人们对能够满足自身需求的事物更感兴趣。移动优惠券的感知经济利益越大，越能满足用户省钱的需求，吸引用户的注意力，使用户在兑现移动优惠券时愿意投入更多的时间和关注。同时，优惠券是一种交易合算的外部信号，消费者兑现优惠券时在心理上会产生省钱的愉悦感和成就感（Chandon et al.，2000）。用户感知的省钱程度越大，愉悦感和成就感就越强，从而增强用户的流体验。因此，提出如下假设：

H5a：感知经济利益正向影响感知优惠券价值。

H5b：感知经济利益正向影响兑现满意。

H5c：感知经济利益正向影响兑现移动优惠券的流体验。

3.2.5 感知系统质量

系统质量反映了信息系统的性能特征，如系统稳定性、易用性、响应速度等。在本章中，感知系统质量指用户对移动优惠券系统的性能特征，例如，稳定性、易用性、导航的有效性、网络载入速度的总体感知。一个高质量的移动优惠券系统操作起来更加容易，响应速度更快，使用户能够方便快捷地完成优惠券兑现任务，节省更多的时间和精力。因此用户的感知系统质量越高，感知优惠券价值就越高。

大量研究证实了系统质量和用户满意度之间的关系。郑等（Zheng et al.，

2013）的研究表明系统质量正向影响虚拟社区用户的满意度。在移动商务环境下，周（Zhou，2013）的研究表明系统质量对移动支付用户的满意度有正向影响。在本章中，移动优惠券系统操作是否容易、导航是否清晰、网络连接是否稳定都是影响用户兑现体验的关键因素。如果系统功能能够很好地满足用户的需求，就会增加用户的兑现满意。

移动优惠券系统的功能和设计对用户体验也有重要影响。系统网络连接速度直接影响用户的情绪，过慢的连接速度会导致用户长时间等待，产生不耐烦的情绪。稳定性较差的系统无法为用户顺利兑现移动优惠券提供有力的支持，导航不清晰或系统不易操作也会导致用户兑现移动优惠券时比较费力，降低用户的感知控制。因此，本章认为系统质量正向影响流体验。周（Zhou，2013）在移动支付的研究中发现系统质量正向影响用户流体验。综上所述，提出如下假设：

H6a：感知系统质量正向影响感知优惠券价值。

H6b：感知系统质量正向影响兑现满意。

H6c：感知系统质量正向影响兑现移动优惠券的流体验。

3.3 问卷设计与数据收集

3.3.1 问卷设计

本章在借鉴前人的研究量表的基础上设计了本研究的问卷，问卷中包含7个变量：感知平等性、感知经济利益、感知系统质量、感知优惠券价值、兑现满意、流体验和转发推荐意愿。其中，感知平等性没有现成的量表可以直接借用，由于感知平等性和感知歧视是相对的，因此本章采用布伦博等（Brumbaugh et al.，2009）的研究中所用到的感知歧视的测量项的反向说法来测量感知平等性，一共包括5个指标。感知经济利益的3个指标来源于迪金格和克莱内（Dickinger & Kleijnen，2008）的研究。感知系统质量参考了金等（Kim et al.，2010a）的研究，一共包括4个测量指标。感知优惠券价值参考了金等（Kim et al.，2014）的研究，共包含3个指标。兑现满意的3

个测量指标来自方等（Fang et al.，2011）的研究。流体验的 3 个指标参考了周（Zhou，2013）的研究。转发推荐意愿的 3 个指标参考了凯宁汉姆等（Keiningham et al.，2007）的研究。所有的测量项均根据移动优惠券的实际研究情境做了相应的调整和修改，并采用李克特的 7 分法进行具体的测量，"1"代表非常不同意，"7"代表非常同意。问卷设计完成之后邀请本领域的 2 位专家进行审核，并提出相应的修改建议。根据专家的建议修订了问卷。之后又邀请 25 名通过移动优惠券 APP 兑现过优惠券的在校大学生对问卷进行前测，根据他们的建议又一次对一些题项的用词和表达方式做了调整，确立了最终的问卷版本。

3.3.2 数据收集

本次问卷调查主要采用网上调查的方式。调查问卷发布在国内大型的专业问卷调查网站"问卷星"（http://www.sojump.com），调查对象要求在半年内有通过移动优惠券 APP 兑现优惠券的经历。参与者通过问卷发布页面的链接地址就可以进入问卷页面参与调查。在问卷的开头设置了询问参与者在半年内是否有通过移动优惠券 APP 兑现优惠券经历的题项，选择"兑现过"的答题者可以继续完成问卷调查，选择"没有兑现过"的答题者将自动跳到问卷结束。为了帮助他们更好地回忆兑现经历，问卷要求他们给出最近一次兑现优惠券的商家名称。每位成功完成问卷调查的参与者都给予了小额金钱奖励。为防止参与者重复提交问卷，问卷系统设置了每一个 IP 只能提交一次答卷。剔除掉答题不合格的问卷之后，最终获得 251 份有效问卷。受试对象中 47.4% 为男性，52.6% 为女性。大部分受试者的年龄在 18～30 岁之间，65.7% 的受试者受教育程度为本科学历，74.5% 的参与者月收入在 1000～4999 元。

具体的人口统计特征信息如表 3-1 所示。

表 3-1　　　　　　样本的人口统计信息表（$N=251$）

测度项	项目	频数	百分比（%）
性别	男性	119	47.4
	女性	132	52.6

续表

测度项	项目	频数	百分比（%）
年龄	18 岁以下	5	2.0
	18~24 岁	142	56.6
	25~30 岁	82	32.7
	31~35 岁	17	6.7
	35 岁以上	5	2.0
受教育程度	高中及以下	10	4.0
	专科	37	14.7
	本科	165	65.7
	硕士及以上	39	15.6
月收入	1000 元以下	64	25.5
	1000~2999 元	82	32.7
	3000~4999 元	96	38.2
	5000 元及以上	9	3.6

3.4 数据分析和结果

3.4.1 信度与效度分析

采用 SPSS 23.0 进行探索性因子分析（EFA），结果表明 KMO 值为 0.886，说明本研究收集的数据适合进行主成分分析。采用方差最大法旋转后得到的因子负载表共析出 7 个特征值大于 1 的因子，解释了 73.97% 的方差。最大方差旋转后得到的因子负载如表 3-2 所示。每个测度项在相关变量上的因子负载都大于 0.6，而在其他变量上的因子负载则都小于 0.5，说明量表具有良好的收敛效度和区分效度。

表 3-2　　　　　　　　最大方差旋转后的因子负载

测量项	感知平等性（PE）	感知系统质量（PSQ）	转发推荐意图（INT）	感知经济利益（PEB）	流体验（FLO）	感知优惠券价值（PCV）	兑现满意（SAT）
PE1	**0.800**	0.000	0.017	0.000	-0.005	0.174	0.027
PE2	**0.819**	0.027	0.122	0.080	0.093	0.061	0.081
PE3	**0.730**	0.070	0.179	-0.008	0.216	0.066	0.123
PE4	**0.837**	0.123	0.034	0.056	0.016	0.028	0.152
PE5	**0.679**	0.101	0.217	0.119	0.234	0.153	0.143
PSQ1	0.090	**0.740**	0.045	0.246	0.094	0.164	0.049
PSQ2	0.046	**0.809**	-0.030	0.008	0.010	-0.030	0.214
PSQ3	-0.020	**0.792**	0.080	0.036	0.238	0.150	0.059
PSQ4	0.165	**0.778**	0.204	-0.014	0.156	0.036	0.028
INT1	0.160	0.083	**0.775**	0.236	0.156	0.154	0.261
INT2	0.196	0.076	**0.835**	0.154	0.136	0.131	0.143
INT3	0.126	0.124	**0.848**	0.098	0.169	0.143	0.139
PEB1	0.024	0.082	0.069	**0.832**	0.046	0.194	0.036
PEB2	0.062	0.093	0.174	**0.814**	0.164	0.134	0.150
PEB3	0.120	0.052	0.242	**0.752**	0.046	0.236	0.321
FLO1	0.224	0.192	0.159	0.142	**0.725**	0.154	0.290
FLO2	0.044	0.219	0.091	0.063	**0.830**	0.179	0.057
FLO3	0.251	0.116	0.253	0.097	**0.748**	0.012	0.196
PCV1	0.084	0.086	0.062	0.240	0.130	**0.791**	0.089
PCV2	0.158	0.126	0.191	0.205	0.027	**0.766**	0.312
PCV3	0.272	0.116	0.230	0.159	0.199	**0.723**	0.126
SAT1	0.033	0.215	0.217	0.140	0.170	0.287	**0.729**
SAT2	0.218	0.105	0.206	0.149	0.213	0.101	**0.753**
SAT3	0.340	0.110	0.171	0.220	0.148	0.162	**0.687**

为进一步检验量表的信度和效度，采用 SmartPLS 2.0 做验证性因子分析（CFA），表 3-3 的结果表明每个变量的 Cronbach's α 值和 CR 值都大于 0.8，AVE 值都大于 0.6，并且所对应的测度项的标准负荷都大于 0.7，表明测量模型具有较好的信度和聚合效度。表 3-4 对比了每个变量的相关系数和 AVE 值的平方根（对角线上以粗体字显示），结果表明每个变量与其他变量的相关系数都小于其相应 AVE 值的平方根，证明量表具有较好的区分效度。

表 3-3　　　　　　　　　　信度与效度分析

因子	测量项	标准负载	Cronbach's α	CR	AVE
感知平等性（PE）	PE 1	0.756	0.868	0.903	0.651
	PE 2	0.823			
	PE 3	0.810			
	PE 4	0.825			
	PE 5	0.819			
感知经济利益（PEB）	PEB 1	0.797	0.838	0.901	0.754
	PEB 2	0.886			
	PEB 3	0.917			
感知系统质量（PSQ）	PSQ 1	0.810	0.824	0.883	0.653
	PSQ 2	0.754			
	PSQ 3	0.846			
	PSQ 4	0.819			
感知优惠券价值（PCV）	PCV 1	0.799	0.823	0.894	0.739
	PCV 2	0.896			
	PCV 3	0.880			
兑现满意（SAT）	SAT 1	0.842	0.813	0.889	0.728
	SAT 2	0.859			
	SAT 3	0.857			
流体验（FLO）	FLO 1	0.902	0.828	0.896	0.742
	FLO 2	0.824			
	FLO 3	0.857			

续表

因子	测量项	标准负载	Cronbach's a	CR	AVE
转发推荐意图（INT）	INT 1	0.912	0.890	0.931	0.819
	INT 2	0.898			
	INT 3	0.905			

表3-4　　各变量AVE值的平方根与相应相关系数的比较

变量	PE	PEB	PSQ	PCV	SAT	FLO	INT
PE	**0.816**						
PEB	0.253	**0.878**					
PSQ	0.236	0.252	**0.808**				
PCV	0.404	0.531	0.322	**0.857**			
SAT	0.456	0.503	0.368	0.552	**0.857**		
FLO	0.434	0.345	0.420	0.418	0.547	**0.863**	
INT	0.401	0.457	0.285	0.468	0.546	0.483	**0.903**

注：（1）对角线上的数据为各因子AVE的平方根。（2）PE：感知平等性，PEB：感知经济利益，PSQ：感知系统质量，PCV：感知优惠券价值，SAT：兑现满意，FLO：流体验，INT：转发推荐意图。

本章也采用哈曼的单一因子测量方法检验了共同方法偏差（common method variance，CMV）问题。对样本数据做因子分析发现没有单个因子可以解释大部分的方差，说明本章研究不存在CMV的威胁。

3.4.2　模型检验

3.4.2.1　假设检验

采用SmartPLS 2.0检验模型假设，结果如图3-2所示。除了假设H6b没有得到支持以外，其他假设均得到支持。具体来说，感知平等性、感知经济利益和感知系统质量均显著地正向影响感知优惠券价值和流体验；感知平等性和感知经济利益也显著地正向影响兑现满意；感知优惠券价值和流体验显著地正向影响兑现满意和转发推荐意图，兑现满意也正向影响转发推荐意图。只有感知系统质量对兑现满意的正向影响不显著。感知优惠券价值、兑现满意、流体验和转发推荐意愿被解释的方差分别为0.381、0.493、0.328和0.374。

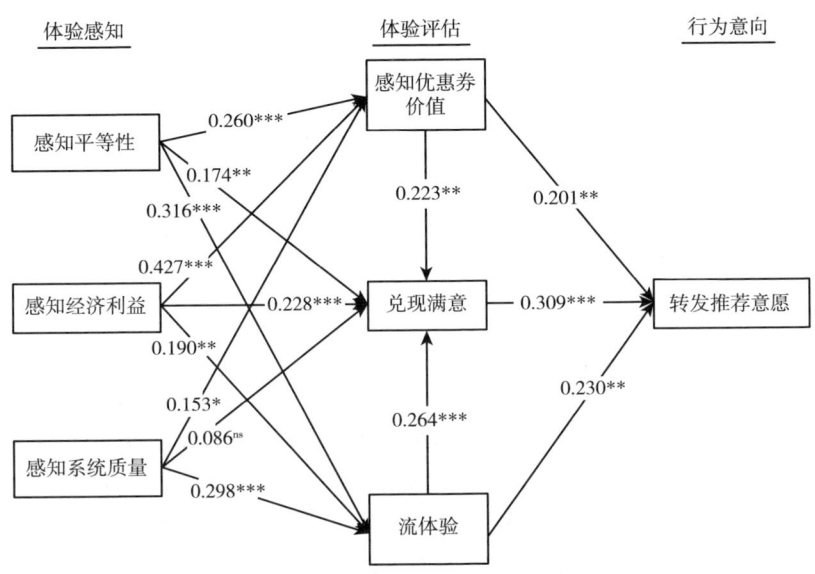

图3-2 模型假设检验结果

注：*表示p<0.05，**表示p<0.01，***表示p<0.001，ns表示不显著。

模型检验具体的路径系数（β）、显著性和假设支持结果如表3-5所示。

表3-5 模型假设的检验结果

假设	路径	路径系数及显著性	假设支持结果
H1	兑现满意→转发推荐意图	0.309 ***	支持
H2a	感知优惠券价值→兑现满意	0.223 **	支持
H2b	感知优惠券价值→转发推荐意图	0.201 **	支持
H3a	流体验→兑现满意	0.264 ***	支持
H3b	流体验→转发推荐意图	0.230 **	支持
H4a	感知平等性→感知优惠券价值	0.260 ***	支持
H4b	感知平等性→兑现满意	0.174 **	支持

续表

假设	路径	路径系数及显著性	假设支持结果
H4c	感知平等性→流体验	0.316 ***	支持
H5a	感知经济利益→感知优惠券价值	0.427 ***	支持
H5b	感知经济利益→兑现满意	0.228 ***	支持
H5c	感知经济利益→流体验	0.190 **	支持
H6a	感知系统质量→感知优惠券价值	0.153 *	支持
H6b	感知系统质量→兑现满意	0.086 ^{ns}	不支持
H6c	感知系统质量→流体验	0.298 ***	支持

注：* 表示 $p<0.05$，** 表示 $p<0.01$，*** 表示 $p<0.001$，ns 表示不显著。

3.4.2.2 中介作用检验

为了深入理解模型变量之间的关系，本章进一步检验了感知优惠券价值、兑现满意和流体验的中介作用。根据巴龙等（Baron et al., 1986）的方法，中介作用存在应符合以下条件：条件一，因变量对自变量做回归时，回归系数显著；条件二，中介变量对自变量做回归时，回归系数显著；条件三，因变量对中介变量和自变量同时做回归时，中介变量的系数显著。其中，如果条件三中自变量的系数比条件一中自变量的系数显著降低，则为部分中介。如果条件三中自变量的系数不显著，则为完全中介。本章的检验结果如表3-6所示。

表3-6　　　　　　　　　　中介效应检验

自变量	中介变量	因变量	自变量→因变量	自变量→中介变量	自变量+中介变量→因变量	
					自变量	中介变量
感知平等性	感知优惠券价值	兑现满意	0.475 ***	0.413 ***	0.281 ***	0.439 ***
感知平等性	流体验	兑现满意	0.475 ***	0.447 ***	0.275 ***	0.429 ***
感知经济利益	感知优惠券价值	兑现满意	0.509 ***	0.531 ***	0.292 ***	0.399 ***
感知经济利益	流体验	兑现满意	0.509 ***	0.349 ***	0.357 ***	0.425 ***
感知系统质量	感知优惠券价值	兑现满意	6.322 ***	0.331 ***	0.214 **	0.487 ***

续表

自变量	中介变量	因变量	自变量→因变量	自变量→中介变量	自变量+中介变量→因变量	
					自变量	中介变量
感知系统质量	流体验	兑现满意	0.372***	0.426***	0.168*	0.474***
感知优惠券价值	兑现满意	转发推荐意图	0.470***	0.557***	0.239***	0.414***
流体验	兑现满意	转发推荐意图	0.483***	0.550***	0.264***	0.402***

注：* 表示 $p<0.05$，** 表示 $p<0.01$，*** 表示 $p<0.001$。

从表3-6中分析结果可以看出感知优惠券价值和流体验对感知平等性和满意度、感知经济利益和满意度以及感知系统质量和满意度的关系都起到了部分中介的作用，兑现满意对感知优惠券价值和转发推荐意愿以及流体验和转发推荐意愿的关系也起到了部分中介的作用。

3.5 结果讨论

本章从用户兑现体验的视角出发研究了移动优惠券的转发推荐行为。基于"兑现感知-兑现体验评估-兑现后行为意向"的研究框架构建理论模型，并收集实际数据验证模型的有效性。具体来说，本章主要得到以下结论：

（1）与以往的购后正向口碑传播行为研究所得出的结论一致，本章的研究表明兑现满意是用户转发推荐移动优惠券的重要前提条件。除此之外，用户的感知优惠券价值和流体验显著正向影响兑现满意，而且对用户的转发推荐意愿有显著的直接正向影响。同时，感知的优惠券价值和流体验也通过兑现满意的部分中介作用间接影响转发推荐意图。这说明用户兑现优惠券时不仅关注移动优惠券所带来的效用价值，而且关注其带来的享乐价值，用户在兑现过程中所感知的专注、控制感和愉悦感能够显著地增加用户的兑现满意。从研究结果可以看到相对于感知的优惠券价值来说，流体验对兑现满意和转发推荐意图的正向影响更大，这说明用户感知的流体验是用户兑现满意和将优惠券信息转发推荐给别人的重要驱动力。总体来说，提高用户的效用体验价值和享乐体验价值都将增加用户的兑现满意,并促进用户转发推荐移动优惠券。

(2) 在所有感知因素中,感知经济利益对感知优惠券价值影响最大。感知经济利益代表了用户兑现移动优惠券所获得的主要效用利益,因此其对感知优惠券价值的影响最大符合实际情况。感知平等性对感知优惠券价值也产生了较大的影响,这表明经济利益不是移动优惠券价值评估的唯一标准。若用户在兑现移动优惠券的过程中遭遇到商家的歧视,例如,商家的服务态度不好、向用户提供比其他消费者更差的产品和服务时,会降低用户对优惠券价值的评估。另外,感知的系统质量对感知优惠券价值有正向影响。移动优惠券系统为用户兑现移动优惠券提供了平台支持,系统质量如系统的稳定性、响应速度和导航服务越好,用户兑现移动优惠券所需要付出的时间和努力就越小,从而促进了用户对移动优惠券价值的积极评估。因此服务提供商有必要采取措施不断完善系统质量,例如,优化系统操作界面、加强系统维护、简化操作流程,以提高响应速度等。

(3) 感知平等性和感知系统质量对流体验均产生了较大的影响,而感知经济利益对流体验的影响相对较小。这表明在三个感知因素中,用户感知平等性和感知系统质量更容易影响用户的流体验。主要原因在于用户通过优惠券的面值或折扣率就能轻易判断优惠券究竟能够为用户带来多少经济利益,因此优惠券的经济利益很容易被用户感知,挑战性不大。而商家的平等对待以及移动优惠券的系统质量都需要用户花费一定的时间和精力进行体验才能感知到,具有一定的挑战性。与优惠券的经济利益感知相比,用户在感受商家的平等性对待和移动优惠券的系统质量时需要更多的技巧,投入更多的专注力,并付出更多的努力。研究表明当挑战和技巧都在一定程度之上且达到平衡时更有可能发生流体验,因此本章认为感知平等性和感知系统质量对流体验的影响更大是合理的。

(4) 感知平等性和感知经济利益不仅直接正向影响兑现满意,还通过感知优惠券价值和流体验的部分中介作用间接影响兑现满意。在两个感知因素中,感知经济利益对兑现满意的影响更大。这说明经济利益对用户的兑现满意评估起到关键作用,提高用户感知的经济利益有助于提升兑现满意度。研究发现感知系统质量对兑现满意的直接影响并不显著,但是通过感知优惠券价值和流体验的部分中介作用对兑现满意产生间接影响,进一步说明了提高用户体验价值的重要性。

3.6 本章小结

　　本章的研究结论无论对移动优惠券的理论研究还是对移动优惠券服务提供商和商家都有重要的参考价值。对于理论研究来说，弥补了先前的研究空白。从文献回顾情况来看，对移动优惠券转发推荐行为的研究还非常少，只有极少数学者在研究中涉及了对转发推荐行为的研究，专门针对转发推荐行为的研究几乎没有。本章从用户兑现体验的视角探索了移动优惠券用户转发推荐行为的影响因素，为研究者们研究移动优惠券的转发推荐行为起到了抛砖引玉的作用。其次，本章的研究验证了体验价值尤其是享乐性体验价值对转发推荐行为的重要作用。先前对消费者积极口碑推荐行为的研究往往集中在研究满意度对口碑推荐行为的影响（Del Rio et al., 2001），忽略了享乐性体验价值的重要作用。本章的研究表明享乐性体验价值——流体验不仅影响用户的兑现满意，而且对移动优惠券的转发推荐行为也有重要影响，这对口碑推荐的理论研究具有一定的启示。本章的研究结论也为移动优惠券服务提供商和商家促进用户转发推荐移动优惠券提供了策略参考。服务提供商通过优化系统质量增加用户的感知优惠券价值和流体验；通过和商家共同协商为用户提供优惠幅度尽可能大的优惠券、商家让用户感知到与正价消费的顾客享受到了同样的产品和服务可以增加用户的感知优惠券价值、流体验和兑现满意，从而促进移动优惠券的转发推荐。

第 4 章
基于商务型移动社交媒体的用户优惠券分享决策研究

4.1 问题的提出

随着智能手机和社交媒体的普及,许多优惠券服务提供商将社交网络整合到了移动应用程序中以此探索社交网络在优惠券营销中的应用。例如,作为国内最受欢迎的优惠券服务提供商之一,大众点评为本地生活商家提供了发布优惠券的便利平台。同时,大众点评还为消费者创造了一个社交商务环境,让他们能够参与各种社会化商务活动。例如,平台为消费者提供了可以分享体验,上传产品照片和视频,对产品和服务进行评级,关注感兴趣的消费者和商家,推荐优惠券、产品或服务等功能。这些功能鼓励消费者之间进行产品信息和消费体验的交流,通过交流最终对他们的消费决策产生影响。

在推出优惠券促销活动时,商家非常关心活动能否成功地吸引更多的顾客来店消费。消费者对优惠券的分享行为有利于吸引更多潜在的消费者。因此，服务提供商和商家有必要理解和摸清商务型移动社交媒体用户是如何做出优惠券分享决策的。从第2章文献综述的情况来看，只有少数研究探讨了消费者分享优惠券的关键影响因素（李玉豪，2011；Gasimov et al.，2010）。尽管这些研究得出了具有参考价值的结论，但是较少有研究讨论移动社交媒体环境下的环境特征因素如何影响消费者的优惠券分享决策。我们将基于社交媒体开展的商务活动称之为社会化商务。不同于传统的电子商务，社会化商务具有社交性和以消费者为中心的特征，这些特征创造了一个支持社会共享和互动协作的购物环境。在这样的环境下，移动优惠券比传统优惠券显现出更多的特征。尤其是当它依附于移动应用程序和社交媒体时，优惠券本身和社会化商务特征因素都可能会影响消费者的优惠券分享决策。因此，本章基于刺激－机体－反应（stimulus-organism-response，S-O-R）模型，构建了一个优惠券和社会化商务特征影响用户感知的优惠券价值和产品情境性涉入，进而影响用户分享行为的理论模型，并实证研究了优惠券和社会化商务特征因素对用户优惠券分享决策的影响机理。本章的研究为移动社交媒体用户的优惠券分享行为研究提供了新的视角，也为商家和服务提供商提高用户的移动优惠券分享率提供了策略和参考。

4.2 理论背景

4.2.1 刺激－机体－反应模型

刺激－机体－反应模型（S-O-R）起源于环境心理学。其中，"刺激"（S）代表环境刺激，"机体"（O）代表由环境刺激引起的个体内部的意识状态，"反应"（R）代表个体内部意识状态引起的行为反应。具体地说，个体所处的环境作为刺激因素能够引发个体的内部意识状态，从而进一步影响个体的接近/规避行为（Mehrabian & Russell，1974）。在不同的研究情景下，研究者们采用了不同的刺激因素。例如，在实体商店的研究中，研究者认为刺激主要来自商店的内外部装饰，商店的布局和陈列以及与人相关的因素

(Turley et al., 2000)。在网络商店中，刺激主要包括网站属性、网站设计和服务属性（Kawaf et al., 2012）。在社会化商务中，张等（Zhang et al., 2014）和林等（Lin et al., 2017）将社交商务平台的技术特征视为刺激。机体因素在现有研究中主要涉及个体对外在刺激因素的内部处理过程，如个体的感知、感觉和心理活动等（Fang, 2012）。行为反应主要指个体的行为意图，如购买及重复购买意图、口碑传播意图、接近/规避意图等（Kawaf & Tagg, 2012; Lin et al., 2017）。

本章主要基于两个原因将 S-O-R 模型作为本章的理论基础。首先，研究者们应用该模型解释了各种购物情境下环境因素对消费者情绪和购物行为的影响。例如，研究者在实体商店购物情境下探讨了商店氛围因素、消费者情绪因素和相关购物行为之间的关系（Donovan et al., 1994; Sherman et al., 1997）；在网络购物情境下讨论了网站购物环境特征因素对消费者内部意识和购物行为的影响（Ding & Lin, 2012; Koo & Ju, 2010; Lin & Lo, 2016）。近些年，S-O-R 框架被用来解释了移动商务和基于地理位置的广告情境下消费者的相关行为（Chen & Yao, 2018; Zhu et al., 2017）。S-O-R 模型也被有些学者应用于社会化商务情境。例如，张等（Zhang et al., 2014）探索了社交商务技术特性对社交媒体用户虚拟体验的影响，进而影响他们的社交商务参与意图；朴等（Park et al., 2014）则基于 S-O-R 模型研究了社交网络的结构特征如何影响网络成员的认知涉入和情感涉入，从而进一步影响其购买行为。这些研究发现并证实了在不同研究情境下 S-O-R 模型在解释环境刺激如何影响个人内部状态以及行为反应的有效性。其次，在包含社交网络平台的移动应用中，消费者所处的环境更加多样化。在本章研究中，移动优惠券信息和在线社交环境（例如，对网页、其他消费者和商家感知的社会存在以及其他消费者的评论）是影响消费者内部有机体，进而影响其行为反应的关键环境刺激因素。这个影响过程也反映了消费者优惠券分享决策的形成过程。因此，本章认为采用 S-O-R 模型作为本研究的理论基础来探索社交媒体用户的优惠券分享行为决策是合适的。

4.2.2 刺激：优惠券和社会化商务环境特征

本章从优惠券本身和社会化商务环境两个方面分析本研究的刺激因素。

首先，传统纸质优惠券的特征包括面值、有效期、优惠券设计和购买要求（Yin & Dubinsky，2004）。在这些特征中，面值对于消费者的优惠券决策行为至关重要（Yin & Dubinsky，2004）。优惠券的经济利益反映了优惠券票面价值的大小。基于应用程序的移动优惠券是从纸质优惠券演变而来的，因此经济利益显然是应考虑的主要刺激特征。

其次，社会化商务的一个突出的特征是社会存在感（social presence）。社会存在感是个体的一种心理感知，衡量了个人在媒体沟通过程中所感知的他人共同存在及彼此人际互动的程度。在社会化商务环境中，社会存在感是一个多维的构念，通常被细化为三个维度，即个体分别对网页、其他消费者和商家的社会存在感（Lu et al.，2016）。对网页的社会存在感是指消费者在在线互动过程中对人际交往和温暖的感知（Gefen & Straub，2004）。对其他消费者的社会存在感通常被称之为对他人的感知（下文中统一使用此术语），其定义为消费者所感知到的其他消费者与其共同参与商业活动的程度（Lu et al.，2016）。对商家的社会存在感是指消费者通过与商家在线互动而感知到商家个性和性情的程度。在我们的研究情境中，商家的网页包含丰富的社交线索和多媒体内容（例如，商家和消费者的个人资料、消费者的建议和评论），这些信息可以向网页访问者传达社会存在感。此外，消费者可以浏览优惠券的使用次数以及其他消费者对产品或服务做出的评论，并关注其他消费者的主页，向他们寻求建议或推荐。通过这些活动，消费者可以感知其他人的存在。此外，商家可以在其主页上更新店铺状态，回复消费者的评论和问题，甚至可以通过实时视频对他们的产品做广告，从而使消费者感知到商家的在线存在。因此，我们认为社会存在感的上述三个维度是本章研究中至关重要的社交媒体刺激特征。

另外，在本章的研究中，社会化商务的另一个显著特征是消费者的评分和评论信息。除了商家的描述外，消费者在社交媒体上生成了大量的评分和在线评论信息。这些信息包含更多优惠券中涉及的产品或服务的相关知识，因此社会化商务环境下的优惠券提供了更丰富的信息线索，可以帮助消费者更好地评估优惠券。此外，基于智能手机的移动通信技术创造了一种富媒体环境（Shawn，2010）。智能手机可以安装富媒体应用程序以传递各种类型的信息，例如，文本、图像、音频和视频等。对于基于应用程序的移动优惠券，消费者可以对商家进行打分评级，也可以以丰富的静态或动态照片图形以及与产品或服务环境相关的视频形式发布在线评论。学者们将类似的特征定义为"信息性"和"生动性"(Fortin & Dholakia, 2005)。信息性反映了信息的有用性和多样性,而生动性则反映了信息的呈现质量(Jiang & Benbasat, 2007)。根据这两个定义,我们提取了另外两个和消费者评级信息以及在线评论信息相关的刺激变量:评级和评论的信息性以及评论的生动性。

总结上述分析,本章将刺激变量分为三种类型:优惠券特征(即经济利益)、社交媒体特征(包括对网页的社会存在感,对他人的感知和对商家的社会存在感)以及评分和评论信息特征(包括评级和评论的信息性以及评论的生动性)。

4.2.3 机体:感知价值和情境涉入

感知价值是指消费者基于他们感知能够获得的收益和必须付出的成本进行权衡之后对产品或服务整体效用的评估。感知价值是消费者购买和口碑决策的关键决定因素(Gan & Wang, 2017; El-Adly & Eid, 2016)。与优惠券相关的研究也指出,用户通常会比较优惠券的收益和损失以做出兑现决定,因为在优惠券的搜索和选择中会花费很多无形成本(如时间和精力)(Kang et al., 2006)。此外,在消费者的移动购物研究中,价值被视为一个受营销相关属性影响的机体,进而影响消费者的行为反应(Chopdar & Balakrishnan, 2020)。因此,本章将采用消费者对优惠券的感知价值作为个体的内部机体。

产品涉入是另外一个重要的研究变量,在消费者说服中起着关键作用。先前的许多研究都讨论了产品涉入对消费者购买决策的影响。但是,产品涉入对消费者优惠券分享行为的影响研究相对有限。研究人员将产品涉入定义为消费者感知的产品与其内部欲望、兴趣和价值之间的联系强度(Zaichkowsky, 1985)。一些研究人员进一步将产品涉入分为两类:产品持久涉入和产品情境涉入。持久涉入是指客户对产品的长期关注,这与消费者之前的产品体验有关(Houston & Rothschild, 1978)。相比之下,情境涉入是消费者在特定环境下对产品的临时关注,强调了环境或情境作为外部刺激的激发作用(Okazaki et al., 2012)。冈崎等(Okazaki et al., 2012)认为,消费者对特定移动促销的反应取决于特定情境如特定时间和地点的价值。这种情况就属于情境涉入。我们的研究重点在于移动社交媒体用户在特定情境下如何进行优惠券分享决策。在这种情形下，用户可以获取有关特定商家的优惠券和产品或服务的相关信息。先前的研究还指出，产品的涉入可以反映个人的内在动力状态，从而驱动某些行为，并且可以被特定的刺激或环境所激发（Mitchell，1979）。因此，本章仅将产品情境涉入视为内部机体变量。

4.2.4 行为反应：分享意图

在原始的S-O-R模型中，行为反应是指人们对环境的接近或避免行为。大多数研究都探索了人们与环境接触时的积极行为，即接近行为。例如，购买者的接近行为包括搜索、购买、重复购买（Lin et al.，2017）和正面口碑（Wang et al.，2018）。在本章研究中，移动社交媒体用户的行为反应是指用户对移动优惠券的分享意图。

4.3 研究模型和假设

4.3.1 刺激因素和机体因素

4.3.1.1 经济利益

经济利益反映了移动优惠券为消费者提供的与金钱相关的好处。优惠券可以为寻求降低购买价格的消费者提供经济利益。优惠券能提供的经济利益越高，意味着为消费者提供的价值更大。此外，具有较大经济利益的优惠券可以充分满足消费者的"省钱"要求，从而为他们带来心理上的回报（Dickinger & Kleijnen，2008）。当某一个目标所带来的收益增加时，消费者通常对该目标有更加积极的价值评估。因此，我们推测经济利益将积极地影响移动社交媒体用户对优惠券价值的感知。

此外，作为优惠券的主要特征，经济利益是特定促销情境下的重要购买刺激。由于情境涉入主要是由特定情境引发，因此经济利益将诱发消费者对优惠券相关产品的情境涉入。一方面，较高的经济利益可能会吸引消费者，引起他们对产品的兴趣；另一方面，多项研究表明促销活动经常使消费者怀疑打折商品的质量（Nusair et al.，2010）。优惠券的高经济利益可能会增加消费者的购买风险，进而导致高度的情境涉入（Bloch & Richins，1983）。因此，提出以下假设：

H1a：经济利益正向影响移动社交媒体用户感知的优惠券价值。

H1b：经济利益正向影响移动社交媒体用户对产品的情境涉入。

4.3.1.2 社会存在感的三个维度

在本章研究中，社会存在感包括三个维度，即对网页的社会存在感，对他人的感知和对商家的社会存在感。

（1）对网页的社会存在感。

对网页的社会存在感是指消费者对提供优惠券的商家的网页所传达的人类接触和友善感。具有较高的社会存在感的网页可以为优惠券用户提供更多社会化线索和信息，对于消费者执行产品信息搜索和优惠券兑现任务更有用。此外，网页的社会存在会带来乐趣（Hassanein & Head，2007），从心理层面为用户带来好处。因此，当商家网页的社会存在感较高时，用户感知的优惠券价值也会更高。其次，友好的用户-网络交互环境使用户能够更加容易地获取产品相关信息，这将鼓励他们积极地收集和处理产品信息，进而他们对产品的情境涉入也会相应提高。因此，提出如下假设：

H2a：对网页的社会存在感正向影响移动社交媒体用户感知的优惠券价值。

H2b：对网页的社会存在感正向影响移动社交媒体用户对产品的情境涉入。

（2）对他人的感知。

对他人的感知是指用户感知到的与其他消费者共同参与商家交易活动的程度。消费者的购买决策可能会受到其他购买者尤其是同一家商店的购买者的影响。在社会化商务中，诸如其他消费者的建议、评级和评论、个人资料的更新、优惠券的兑现数量和页面浏览量等信息均能使消费者感知到其他购买者的存在。如果消费者认为商店中还有其他消费者也在做交易，那么消费者将对自己的交易更有信心（Lu et al.，2016）。类似地，当用户感知对优惠券感兴趣或者已经进行优惠券兑换的消费者越多时，积极的信号将被传递给用户，使他们对优惠券产生更高的价值评估。因此，我们认为用户对他人的感知会提升其对优惠券的价值感知。

在社会化商务中，对他人的感知为消费者提供了通过学习或观察其他购买者而获得产品知识的机会（Chen et al.，2017），这反过来又决定了他们对产品的参与度。王等（Wang et al.，2012）指出，从信息影响的角度来看，消费者依靠从社交网络成员那里获得的知识来形成他们对产品涉入度。他们还证实了同伴之间的消费信息交换对产品涉入有积极的影响。在本章的研究中，如果优惠券用户感知到商家网页上还有许多其他购买者，那么他们可以从这些购买者处获得更多的产品知识，并对产品变得更加感兴趣。此外，对其他购买者存在的感知暗示了其他购买者是否对该产品感兴趣。根据从众理论，如果优惠券用户发现许多购买者都对产品感兴趣，那么他们也可能对产品感兴趣。因此，提出以下假设：

H3a：对他人的感知正向影响移动社交媒体用户感知的优惠券价值。

H3b：对他人的感知正向影响移动社交媒体用户对产品的情境涉入。

（3）对商家的社会存在感。

我们将对商家的社会存在感定义为用户对商家与用户互动并关心用户的感知程度。移动社交媒体使商家能够与消费者充分沟通并激发他们的购买意愿（Hassan et al.，2018）。在移动社交媒体平台上，商家可以通过多种方式与社交媒体用户互动。例如，商家可以注册账号创建自己的个人资料来展示自己，在个人资料页发布有关自己的动态信息。用户关注商家的账号后，便可以随时跟踪商家发布的在线动态并与商家进行实时交流。商家还可以通过回复用户的评论和在线问题与用户互动，甚至商家可以通过在线直播的方式和用户沟通。通过这些交互，用户可以更好地了解商家，快速地获取产品信息，节省查找优惠券评估所需信息的时间和精力。因此，对商家的社会存在感对感知的优惠券价值产生积极影响。

对卖方的社会存在感拉近了卖方与买方之间的社会距离，从而增强了买方对卖方的信任（Lu et al.，2016）。在商家和用户互动的过程中，如果移动社交媒体用户感觉到商家很友好，并相信商家可以提供优质的产品或服务，那么他们将对商家的产品更感兴趣。因此，提出如下假设：

H4a：对商家的社会存在感正向影响移动社交媒体用户感知的优惠券价值。

H4b：对商家的社会存在感正向影响移动社交媒体用户对产品的情境涉入。

4.3.1.3 评级和在线评论的信息性

评级和在线评论的信息性是指评级和在线评论为用户提供充足和有用的信息的程度（Xu et al.，2009）。评级和在线评论的信息性在优惠券评估中至关重要。先前的研究表明，消费者在做出优惠券兑换决定之前需要权衡使用优惠券的利弊（Kang et al.，2006）。因此，消费者需要获取足够的信息以准确评估优惠券的价值。对于促销商品，消费者往往会质疑商品的质量（Nusair et al.，2010）。因此，他们需要通过其他消费者的评级和在线评论信息来确认打折商品的质量，这些信息为消费者提供了重要参考。以往的研究表明购买者的在线评论信息会极大地影响潜在消费者的购买决策（Yin et al.，2017）。丰富和有用的评级和在线评论信息可以帮助社交媒体用户可以花费更少的时间和精力来评估优惠券的价值，从而导致其对优惠券价值的正向评估。

此外，有用的信息具有较大的吸引力，更容易引起个人的关注并激发其参与其中（Koufaris，2002）。丰富有用的产品信息有助于消费者进行信息搜索，确保做出更好的购物决策，从而增加消费者的产品涉入度。金等（Kim et al.，2010b）验证了网络广告的信息性对消费者的产品涉入产生积极的影响。同样的，如果移动优惠券包含足够有用的评级和在线评论信息，将有利于消费者选择适合的优惠券。因此进行优惠券选择时，消费者对产品的情境涉入也会增加，从而提出以下假设：

H5a：评级和在线评论的信息性正向影响移动社交媒体用户感知的优惠券价值。

H5b：评级和在线评论的信息性正向影响移动社交媒体用户对产品的情境涉入。

4.3.1.4 在线评论的生动性

生动性是指介导环境对感官信息的呈现程度（Steuer，1992）。因此，在线评论的生动性被定义为在线评论对个体感官传达信息的方式。生动性主要体现在两个方面：广度和深度（Steuer，1992）。广度表示传递给感官的线索数量（如显示的颜色和图形），而深度则与每个线索的质量和分辨率有关（Fortin & Dholakia，2005）。智能手机具有类似于 PC 机的显示功能，可以显示高质量的图像和视频。消费者发表在线评论可以嵌入与产品或服务相关的图像或视频，并以高清晰度显示，从而增强了信息的生动性。生动的信息有助于提高消费者对产品或服务的了解，并降低产品评估成本，从而使消费者对优惠券做出积极的价值估算。

生动性还可以激发消费者对产品的情境涉入。评论的生动性，例如，清晰的图片和视频可以增强产品的视觉吸引力，从而吸引消费者浏览，增加消费者对产品的兴趣。以往的研究表明，产品展示的生动性能够促进消费者积极学习产品知识（Jiang & Benbasat，2007）。大卫等（David et al.，2001）的研究发现，与印刷品相比，当在生动的媒体网站上展示相同的产品信息时，消费者对产品的涉入度更高。因此，我们推论当社交媒体用户浏览更加生动的产品评论信息时，他们的情境涉入度会更高。因此，提出以下假设：

H6a：在线评论的生动性正向影响移动社交媒体用户感知的优惠券价值。

H6b：在线评论的生动性正向影响移动社交媒体用户对产品的情境涉入。

4.3.2 机体和行为反应

4.3.2.1 感知的优惠券价值

本章将感知的优惠券价值定义为移动社交媒体用户对优惠券整体效用的评估。在消费者行为研究中，感知价值被认为是消费者行为意图如购买和推荐意图（Peng et al.，2019；Jalilvand et al.，2017）的决定性因素。用户对优惠券的高感知价值可能会使用户的实际购买价格低于其固有参考价格，从而激发消费者兑现优惠券。这也将驱使用户邀请其他人享受折扣。格仑瑟等（Gruen et al.，2006）的研究发现，产品的感知价值对消费者的推荐意图产生积极影响。因此，提出以下假设：

H7a：感知的优惠券价值正向影响移动社交媒体用户的优惠券分享意愿。

4.3.2.2 产品的情境涉入

产品的情境涉入被定义为由优惠券和社会化商务特征引起的社交媒体用户对产品的短期关注。先前的研究发现情境涉入会导致消费者进行口碑传播（Geok et al.，2001）。消费者对公司社交网络页面的情境涉入积极地促使消费者向其他人推荐该公司（Chun & Lee，2016）。优惠券分享属于积极口碑传播和推荐行为的一部分。因此，提出以下假设：

H7b：产品的情境涉入正向影响移动社交媒体用户的优惠券分享意愿。

4.3.3 控制变量

现有文献在优惠券研究中将品牌偏好作为了控制变量，因为它可能对消费者的优惠券兑换意图产生影响（Khajehzadeh et al.，2014）。品牌偏好也被证明与积极的口碑行为相关（Kim et al.，2011）。因此，我们将品牌偏好视为控制变量。此外，先前的研究表明，性别、年龄、收入和教育程度等个体差异可能会影响优惠券的分享意愿（Zhao et al.，2016）。因此，在本章的研究中，我们也控制了这些变量的影响。本章具体的研究模型如图4-1所示。

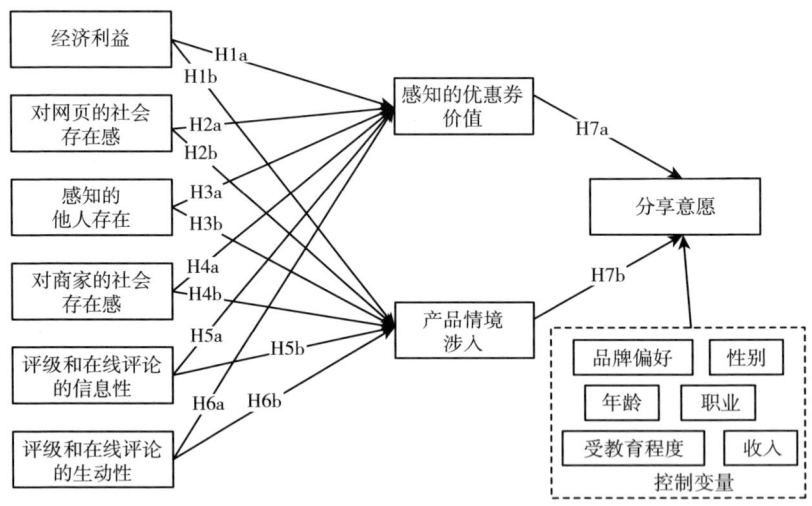

图4-1 理论研究模型

4.4 研究方法

4.4.1 问卷设计

模型中的每个变量都在借鉴前人成熟量表的基础上设计了多个测量指标进行测量。一些测量指标结合本章的具体研究情境进行了微小的措辞调整。除了对他人的感知为形成型变量以外，其他所有变量都是反映型变量。对他人的感知借鉴了鲁等（Lu et al.，2016）的研究，采用三个形成型测度指标来测量。其余变量均采用反映型测度指标来测量。经济利益的测度项参考了阿查迪尼亚等（Achadinha et al.，2014）的研究。对网页的社会存在感和商家的社会存在感的测量指标来自鲁等（Lu et al.，2016）的研究。评级和在线评论的信息性参考了布兰科等（Blanco et al.，2010）以及金和韩（Kim & Han，2014）的研究。在线评论的生动性的测量项参考了蒋和本巴萨特（Jiang & Benbasat，2007）的研究。感知的优惠券价值的测量项改编自金和韩（Kim & Han，2014）的研究。情境涉入的测量指标来自蔡奇科夫斯基（Zaichkowsky，1994）的研究。分享意愿的测量项来源于崔等（Choi et al.，2018）以及薛和周（Xue & Zhou，2011）的研究。品牌偏好的测量指标参考了常和刘（Chang & Liu，2009）的研究。所有测量项均采用李克特量表的 7 分法进行测量，分值取值范围为"1"（代表非常不同意）到"7"（代表非常同意）。

问卷设计完之后，首先邀请本研究领域的 3 位专家对问卷进行审查，提出了修改意见。根据他们的建议完善了问卷。然后又组织了 30 名有过移动优惠券社交媒体平台使用经历的用户对问卷进行前测，要求他们对问卷在可读性、可理解性和措辞的恰当性方面进行评价，提出优化建议。根据前测用户的建议，再次对一些测量项的表达方式做了修改完善，形成了最终的正式问卷。

4.4.2 数据收集

本章通过网络在线调查收集数据。在国内，大众点评是最受欢迎的手机优惠券服务提供商之一,拥有相对较多的应用程序用户。据报道,截至 2017 年第二季度,大众点评应用程序的独立用户数超过 5.9 亿(QuestMobile,2017)。因此,我们邀请大众点评用户来参与问卷调查。我们在专业的问卷调查网站"微调查"发布了问卷,并在大众点评论坛、社交网络发布了问卷超链接邀请点评用户参与调查。我们在问卷开头设立了一个筛选问题,以确保参与者在点评应用程序中有使用优惠券的经验。候选参与者被问道:"你曾经在点评应用程序中使用过优惠券吗?"如果参与者回答"是",那么页面将转到正式问卷页面,否则页面将转到调查终止页面。每位成功提交正式问卷的参与者将获得 3 元奖励。为确保每位参与者只提交一份问卷,每个 IP 地址只允许填写一次问卷。我们共收到 529 份问卷。其中,53 份问卷因为参与者没有点评应用程序的优惠券使用经验和 90 份问卷因为所有问题的答案几乎相同或回答时间极短而被视为无效问卷。最终收集有效问卷 386 份,有效问卷率为 72.97%。在样本中,男性占 46.6%,女性占 53.4%,超过 75% 的受访者年龄在 18 岁至 30 岁之间。73.3% 的人拥有学士学位。65% 以上的受访者月收入在 3000 元以上。样本的人口特征统计详情见表 4-1。

表 4-1　　　　　　　样本人口特征统计表（$N=386$）

变量	测度项	频数	比例（%）
性别	男	180	46.6
	女	206	53.4
年龄	18 岁及以下	1	0.3
	19~24 岁	138	35.8
	25~30 岁	165	42.7
	31~35 岁	53	13.7
	35 岁以上	29	7.5
受教育程度	高中及以下	12	3.1
	专科	61	15.8
	本科	283	73.3
	硕士及以上	30	7.8
职业	学生	114	29.5
	企业职员	197	51.0
	教师	21	5.5

续表

变量	测度项	频数	比例（%）
职业	政府公务员	14	3.6
	其他	40	10.4
月收入	1000 元以下	45	11.7
	1000~3000 元（含 1000 元）	84	21.7
	3000~5000 元（含 2000 元）	98	25.4
	5000 元及以上	159	41.2

注：由于表中"比例"数据采用四舍五入的方式，小数位后保留一位数值，因此"比例"之和可能不等于100%。

4.5 数据分析和结果

本章研究采用偏最小二乘法（partial least squares，PLS）对研究模型进行了验证。使用 PLS 的原因之一是它适用于预测性和理论发展研究（Hair et al.，2011）。原因之二是 PLS 能够同时处理形成型和反映型变量（Goo et al.，2009）。本章研究旨在探讨移动优惠券和社交商务特性如何影响感知价值和情境参与，进而影响用户的分享意愿。本章的理论模型中也包含形成型构念（即对他人的感知）。因此，我们使用 SmartPLS 3.0 来评估测量模型和结构模型。

4.5.1 测量模型评估

首先，应用 SPSS 23.0 的主成分分析法进行探索性因子分析，得到 KMO 的值为 0.920，Bartlett 球度检验的显著性为 0.000，说明本章的样本数据适合进行因子分析。本章采用最大方差法旋转反映型变量的数据矩阵，并提取出了特征值大于 1.0 的 9 个因子（Yang et al.，2020）。如表 4-2 所示，所有的反映性构念的因子负载在预期因子上均高于 0.6，在其他因子上均低于 0.4，说明研究量表具有较好的信度和效度（Chin，1998）。

表 4-2　　　　　　　　旋转矩阵及因子负载

变量	ECB	SPW	SPS	IRR	VRE	PVA	SII	SHI	BRP
ECB 1	**0.883**	0.178	0.083	0.084	0.074	0.148	0.124	0.063	0.081
ECB 2	**0.890**	0.195	0.145	0.048	0.047	0.130	0.112	0.094	0.073
ECB 3	**0.818**	0.200	0.155	0.129	0.047	0.212	0.179	0.160	0.087
SPW 1	0.150	**0.822**	0.088	0.078	0.092	0.097	0.044	0.124	0.065
SPW 2	0.102	**0.729**	0.266	0.071	0.085	0.175	0.161	0.090	0.114
SPW 3	0.161	**0.811**	0.182	0.070	0.074	0.005	0.072	0.122	0.078
SPW 4	0.089	**0.813**	0.215	0.130	0.076	0.077	0.134	0.074	0.116
SPW 5	0.138	**0.768**	0.234	0.074	0.134	0.091	0.200	0.043	0.128
SPS 1	0.076	0.168	**0.797**	0.132	0.112	0.021	0.086	0.128	0.084
SPS 2	0.118	0.290	**0.726**	0.119	0.161	0.098	0.155	0.102	0.098
SPS 3	0.159	0.278	**0.750**	0.169	0.146	0.157	0.128	0.096	0.044
SPS 4	0.097	0.278	**0.743**	0.171	0.137	0.219	0.092	0.070	0.059
IRR 1	0.106	0.118	0.152	**0.800**	0.189	0.170	0.170	0.110	0.034
IRR 2	0.095	0.138	0.181	**0.772**	0.189	0.149	0.127	0.224	0.051
IRR 3	0.065	0.115	0.212	**0.723**	0.119	0.151	0.211	0.138	0.122
VRE 1	0.057	-0.010	0.160	0.135	**0.829**	0.148	0.044	0.113	-0.012
VRE 2	0.041	0.231	0.124	0.161	**0.765**	0.133	0.144	0.134	0.068
VRE 3	0.067	0.212	0.187	0.168	**0.735**	0.086	0.236	0.113	0.049
PVA 1	0.190	0.134	0.168	0.176	0.156	**0.758**	0.219	0.154	0.126
PVA 2	0.176	0.135	0.152	0.175	0.149	**0.786**	0.177	0.227	0.157
PVA 3	0.230	0.158	0.145	0.190	0.162	**0.755**	0.186	0.215	0.088
SII 1	0.180	0.064	0.164	0.124	0.086	0.287	**0.677**	0.234	0.089
SII 2	0.139	0.116	0.140	0.145	0.085	0.236	**0.745**	0.205	0.038
SII 3	0.076	0.147	0.074	0.215	0.083	0.014	**0.803**	0.075	0.115
SII 4	0.101	0.239	0.094	0.056	0.212	0.104	**0.735**	0.175	0.099
SHI 1	0.109	0.139	0.106	0.148	0.132	0.158	0.175	**0.834**	0.120
SHI 2	0.136	0.129	0.118	0.172	0.144	0.208	0.184	**0.815**	0.100
SHI 3	0.080	0.146	0.142	0.147	0.114	0.151	0.248	**0.797**	0.115
BRP 1	0.019	0.103	0.003	0.171	0.115	-0.062	0.145	0.100	**0.767**
BRP 2	0.128	0.085	0.168	0.055	-0.009	0.075	0.040	0.170	**0.772**

续表

变量	ECB	SPW	SPS	IRR	VRE	PVA	SII	SHI	BRP
BRP 3	0.019	0.137	0.069	0.033	0.014	0.190	0.118	-0.010	**0.792**
BRP 4	0.053	0.058	0.007	-0.050	-0.013	0.073	-0.011	0.037	**0.783**

注：ECB：经济利益，SPW：对网页的社会存在感，SPS：对商家的社会存在感，IRR：评级和在线评论的信息性，VRE：在线评论的生动性，PEV：感知的优惠券价值，SII：产品情境涉入，SHI：分享意愿，BRP：品牌偏好。

为进一步检验信度和效度，对反映型构念的样本数据做验证性因子分析（CFA），计算各反映型构念的 Cronbach's a 值、AVE 值、CR 值和相应测度项的标准负荷，具体结果如表 4-3 所示。各指标在对应因子上的标准负载范围为 0.708~0.939。所有的标准负荷都大于 0.7，所有构念的 Cronbach's a 值都在 0.8 以上，CR 均大于 0.8，AVE 均大于 0.6，说明量表具有较好的信度和收敛效度（Gefen, 2000）。

表 4-3　标准负荷、Cronbach's a、CR 和 AVE 的值

构念	测量项	标准负荷	Cronbach's a	CR	AVE
经济利益（ECB）	ECB1	0.927	0.929	0.954	0.874
	ECB2	0.939			
	ECB3	0.939			
对网页的社会存在感（SPW）	SPW1	0.845	0.911	0.933	0.736
	SPW2	0.852			
	SPW3	0.842			
	SPW4	0.876			
	SPW5	0.873			
对商家的社会存在感（SPS）	SPS1	0.808	0.879	0.916	0.733
	SPS2	0.852			
	SPS3	0.891			
	SPS4	0.871			
评级和在线评论的信息性（IRR）	IRR1	0.883	0.839	0.903	0.757
	IRR2	0.881			
	IRR3	0.846			

续表

构念	测量项	标准负荷	Cronbach's a	CR	AVE
在线评论的生动性（VRE）	VRE1	0.815	0.815	0.889	0.728
	VRE2	0.871			
	VRE3	0.873			
感知的优惠券价值（PEV）	PVA1	0.899	0.899	0.937	0.833
	PVA 2	0.925			
	PVA 3	0.913			
产品情境涉入（SII）	SII 1	0.841	0.854	0.901	0.695
	SII 2	0.865			
	SII 3	0.806			
	SII 4	0.822			
分享意愿（SHI）	SHI1	0.918	0.905	0.940	0.840
	SHI2	0.925			
	SHI3	0.906			
品牌偏好（BRP）	BRP1	0.808	0.814	0.875	0.637
	BRP2	0.862			
	BRP3	0.806			
	BRP4	0.708			

为了评估量表的区分效度，表4-4对比了各因子AVE值的平方根和该因子与其他因子的相关系数，结果显示各因子AVE值的平方根均大于其与其他因子的相关系数，说明量表有较好的区别效度（Hair et al., 2010）。进一步地，我们也利用异质-单质比率（HTMT）估计区分效度。结果表明，各HTMT值均小于0.85。因此，所有构念的区分效度都符合要求（Henseler et al., 2011）。

表4-4　　各变量AVE值的平方根与相应相关系数的比较

变量	ECB	SPW	SPS	IRR	VRE	PEV	SII	SHI	BRP
ECB	**0.935**								
SPW	0.435	**0.858**							
SPS	0.401	0.590	**0.856**						

续表

变量	ECB	SPW	SPS	IRR	VRE	PEV	SII	SHI	BRP
IRR	0.337	0.379	0.502	**0.870**					
VRE	0.267	0.395	0.467	0.492	**0.853**				
PEV	0.504	0.412	0.481	0.525	0.453	**0.912**			
SII	0.418	0.430	0.429	0.492	0.437	0.549	**0.834**		
SHI	0.366	0.377	0.403	0.486	0.415	0.544	0.538	**0.916**	
BRP	0.239	0.305	0.259	0.246	0.177	0.314	0.284	0.303	**0.798**

注：（1）对角线上的数据为各因子 AVE 的平方根。（2）ECB：经济利益，SPW：对网页的社会存在感，SPS：对商家的社会存在感，IRR：评级和在线评论的信息性，VRE：在线评论的生动性，PEV：感知的优惠券价值，SII：产品情境涉入，SHI：分享意愿，BRP：品牌偏好。

我们也利用方差膨胀因子（VIFs）检验了形成型构念的有效性，得到的 VIF 值分别为 1.716、2.150 和 1.754。所有 VIF 的值均低于 3。因此，形成性指标不存在严重的多重共线性问题（Hair et al.，2014）。

由于所有数据都来自受试者的自我报告，存在共同方法偏差（CMB）的可能性。因此采用哈曼（Harman，1976）的单因素测量方法检验本章研究是否存在共同方法偏差问题。我们对所有反映型构念的测量项进行因子分析，结果提取出 9 个因子，解释方差为 76.4%。其中单个因子的最大解释方差低于 50%，说明本章研究不存在严重的共同方法偏差。此外，我们在模型中加入了方法因子，按照梁等（Liang et al.，2007）提出的方法进一步检验共同方法偏差。结果表明各指标的负荷均显著，而共同方法因子的大部分负荷并不显著。各指标的平均实际解释方差（R_1^2，0.7694）远远超过平均共同方法的解释方差（R_2^2，0.0339），说明本研究不需要关注共同方法偏差问题。

4.5.2 结构模型评估

首先，我们通过方差膨胀因子来评估结构模型的多重共线性。结构模型中所有结构的 VIF 值均在 1.041～1.934 之间，表明多重共线性在我们的研究中不构成威胁（Hair et al.，2014）。然后我们采用 SmartPLS 3.0 软件评估结构模型，得到的路径系数及显著性如图 4-2 所示。

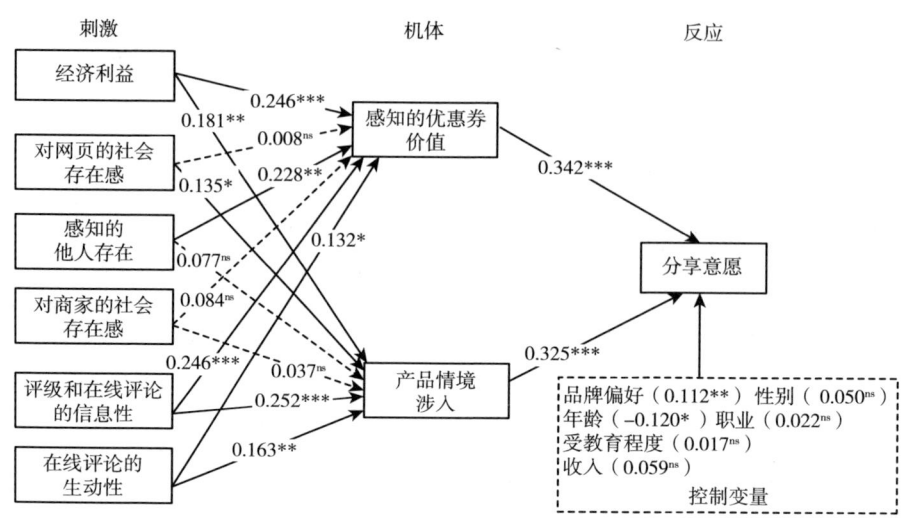

图 4-2 模型假设检验结果

注：* 表示 $p<0.05$，** 表示 $p<0.01$，*** 表示 $p<0.001$，ns 表示不显著。

在特征变量中，经济利益、评级和在线评论的信息性和在线评论的生动性对感知的优惠券价值和产品情境涉入有显著的积极影响，支持假设 H1a、假设 H1b、假设 H5a、假设 H5b、假设 H6a 和假设 H6b。对网页的社会存在感对产品情境涉入有显著的正向影响，支持假设 H2b。感知的他人存在对感知的优惠券价值有显著的正向影响，假设 H3a 得到支持。机体变量感知的优惠券价值和产品情境涉入对分享意愿有显著的正向影响，假设 H7a 和假设 H7b 得到支持。除了这些假设外，其他假设 H2a、假设 H3b、假设 H4a 和假设 H4b 均没有得到支持。感知的优惠券价值和产品情境涉入被特征变量解释的方差分别为 47.7% 和 37.5%。分享意愿被感知的优惠券价值和产品情境涉入解释的方差为 40%。另外，基于蒙眼程序（blindfolding procedures）计算的感知的优惠券价值、产品情境涉入和分享意愿的 Q^2 值分别为 0.368、0.236 和 0.310。Q^2 值均大于 0 表明模型预测的相关性（Henseler et al., 2009）。表 4-5 总结了具体的路径系数、显著性和假设支持的结果。本章也检验了控制变量对分享意愿的影响。结果表明在控制变量中，只有品牌偏好和年龄对分享意愿的影响是显著的（$\gamma_{品牌偏好} = 0.112$；$p<0.01$；$\gamma_{年龄} = -0.120$，$p<0.05$）。其他控制变量对分享意愿均没有显著的影响。

表 4-5　　　　　　　　　假设检验的路径系数、T 值和结果

研究假设	路径	路径系数	假设检验结果
H1a	ECB→PEV	0.246***	支持
H1b	ECB→SII	0.181**	支持
H2a	SPW→PEV	0.008ns	不支持
H2b	SPW→SII	0.135*	支持
H3a	PEO→PEV	0.228**	支持
H3b	PEO→SII	0.077ns	不支持
H4a	SPS→PEV	0.084ns	不支持
H4b	SPS→SII	0.037ns	不支持
H5a	IRR→PEV	0.246***	支持
H5b	IRR→SII	0.252***	支持
H6a	VRE→PEV	0.132*	支持
H6b	VRE→SII	0.163**	支持
H7a	PEV→SHI	0.342***	支持
H7b	SII→SHI	0.325***	支持

注：* 表示 p<0.05，** 表示 p<0.01，*** 表示 p<0.001，ns 表示不显著。

在 S-O-R 模型中，有些研究者认为机体对刺激和行为反应的关系起到中介作用（Kawaf，2012）。因此，本章执行了一个事后检验（post-hoc test）来检查机体对刺激和反应行为之间有显著影响的关系是否存在中介作用。我们通过执行 bootstrapping 程序来检验模型的直接效应和间接效应（Hair et al.，2017）。如表 4-6 所示，除了在线评论的主动性→感知的优惠券价值→分享意愿以外，所有的间接效应（c′）都是显著的。因此感知的优惠券价值对刺激变量——经济利益、感知的他人存在以及评级和在线评论的信息性分别和行为反应变量——分享意愿的影响关系起中介作用。产品情境涉入对刺激变量——经济利益、对网页的社会存在感、评级和在线评论的信息性以及在线评论的生动性分别和行为反应变量——分享意愿的影响关系起中介作用。

为了进一步检查感知的优惠券价值和产品情境涉入是起部分中介还是完全中介作用，我们根据巴伦（Baron，1986）的方法进行了检验。结果如表 4-6 所示，经济利益、对网页的社会存在感和在线评论的生动性对分享意愿的直接效应（c）不显著。因此，感知的优惠券价值完全中介经济利益和分享意愿的关系。产品情境涉入完全中介经济利益、对网页的社会存在感、

在线评论的生动性和分享意愿的关系。对直接效应（c）显著的路径，我们可以看到当加入相应的中介变量时，显著效应会降低。因此感知的优惠券价值部分中介对他人的存在感知以及评级和在线评论的信息性和分享意愿的关系。产品情境涉入部分中介评级和在线评论的信息性和分享意愿的关系。

表 4-6　　　　　　　　　　直接效应和间接效应

关系路径	c	T值	p值	加入中介变量后			
				关系路径	c'	T值	p值
ECB→SHI	0.004	0.089	0.929	ECB→PEV→SHI	0.051	2.582	0.010
				ECB→SII→SHI	0.049	2.628	0.009
SPW→SHI	0.032	0.604	0.546	SPW→SII→SHI	0.039	2.161	0.031
PEO→SHI	0.151	2.723	0.006	PEO→PEV→SHI	0.050	2.585	0.010
IRR→SHI	0.157	2.620	0.009	IRR→PEV→SHI	0.052	2.489	0.013
				IRR→SII→SHI	0.064	2.515	0.012
VRE→SHI	0.064	1.156	0.248	VRE→PEV→SHI	0.029	1.900	0.058
				VRE→SII→SHI	0.044	2.339	0.019

注：(1) bootstrap 的样本为 5000；c 是直接效应的值；c' 是间接效应的值。(2) *ECB*：经济利益，*SPW*：对网页的社会存在感，*IRR*：评级和在线评论的信息性，*PEV*：感知的优惠券价值，*SII*：产品情境涉入，*SHI*：分享意愿，*BRP*：品牌偏好。

4.6　结果讨论

（1）经济利益对感知的优惠券价值和产品情境涉入有显著的正向影响。同时，感知的优惠券价值和产品情境涉入对经济利益和分享意愿的关系起到完全中介作用。这些结果表明，经济利益通过机体间接影响社交媒体用户的分享意愿。因此，经济利益作为传统纸质优惠券兑现的重要影响因素，在移动优惠和社会化商务环境下也是影响用户分享的关键因素。服务提供商和商家应尽力提供更有价值的移动优惠券以提升消费者感知的优惠券价值和产品情境涉入，从而促进用户分享优惠券。

（2）对社会存在感三个维度的影响研究发现以下结论：

第一，对网页的社会存在感对产品情境涉入有显著的正向影响。然而，对网页的社会存在感对感知的优惠券价值的影响却出人意料的不显著。以往的学者对社会存在感与信任的影响关系的研究得出了不同的结论。一些研究发现对网络的社会存在感对信任有显著影响，而另一些研究发现这两个变量之间不存在显著的联系（Leong et al.，2020）。梁等（Leong et al.，2020）认为网站上欺诈和网络钓鱼的频繁发生，形成了消费者的负面认知，促进了消费者对社交商务的不信任。因此，在我们的研究中，对网页的社会存在感与感知的优惠券价值之间影响关系不显著的可能原因是消费者在评估优惠券价值时，对感知到温暖和人性化接触的网页持谨慎态度以防陷入"陷阱"而带来潜在风险。

第二，感知的他人存在对感知的优惠券价值有正向影响，但对产品情境涉入的正向影响不显著。可能原因是本章的研究情境是基于本地生活的应用，商家都在本地，消费者除了可以获得在线线索外，还可以通过实地走访商家了解产品的实际外观，获得线下的产品线索来判断对产品是否感兴趣。在这种情况下，对他人存在的感知对产品情境涉入的影响可能会降低。

第三，对商家的社会存在感对感知的优惠券价值和产品情境涉入的正向影响均不显著。原因之一可能是消费者通过优惠券平台感知到的商家的社会存在感较弱。因为消费者可以通过其他方式而不是优惠券平台上的互动感知商家的社会存在。例如，消费者可以在当地拜访商家进行面对面的交流，或者通过电话进行交流，甚至可以通过国内最流行的社交媒体工具——微信与商家进行交友互动。这些方式可能会使消费者对商家感知到更强的社会存在感。另外一个可能的原因是在社交商务中，消费者倾向于根据其他消费者提供的线索做出购买相关的决策（Nadeem et al.，2020）。因此，商家在优惠券平台上的社会存在感对消费者购买决策相关的因素如感知的优惠券价值和产品情境涉入的影响不显著。

（3）对社交媒体环境下消费者评级和在线评论因素的影响研究得到的结论如下：

第一，评级和在线评论的信息性对感知的优惠券价值和产品情境涉入有显著的正向影响。这一结果表明，消费者在评估优惠券价值时期望获得丰富有用的参考信息。面对优惠券，消费者经常困惑于优惠券是否真的划算，以及是否值得兑现。如果能够提供适当的信息来快速帮助消费者解决这个困惑，那么消费者对优惠券会产生正向的价值评估。丰富有用的信息也会刺激消费者对产品产生更高的情境涉入。因此，服务提供者和商家应鼓励消费者提供有价值的产品或服务相关的评论信息。

第二，正如预期的那样，生动性对感知的优惠券价值有显著的正向影响，表明生动的在线评论有利于优惠券的价值评估。生动性也积极影响产品情境涉入。这一结果类似于以前在电子商务领域进行的研究。该研究表明，网站内容的生动性可以增加消费者对零售商产品的涉入（David et al., 2001）。上述结论表明，可以在优惠券平台上添加生动的评论信息。例如，服务提供商和商家可以激励消费者上传更丰富的感官信息，如优惠券相关产品和服务的音频、视频和高清照片等。这将提高其他消费者对优惠券的感知价值和产品的情境涉入。

（4）感知的优惠券价值和产品情境涉入对优惠券分享意向有显著影响。这些结果表明，感知的优惠券价值和产品情境涉入是优惠券分享决策的关键影响因素。因此，服务提供者和商家应尽力提升消费者感知的优惠券价值和对产品的情境涉入。例如，服务提供者和商家可以增加优惠券分享奖励机制，以促进消费者之间的互动和优惠券推荐，进而加强他们在优惠券使用过程中对经济利益、社会性和娱乐性的认知，从而增加消费者感知的优惠券价值和产品的情境涉入。

（5）作为控制变量，品牌偏好对分享意愿有正向影响，说明消费者愿意分享自己所喜爱的品牌的优惠券。在与人口统计特征相关的变量中，只有年龄对分享意愿有负向影响，说明年轻人更愿意分享优惠券。

4.7 本章小结

本章基于 S-O-R 框架，考察了移动优惠券在商务型移动社交媒体环境下的 6 个特征变量（经济利益、对网页的社会存在感、对他人存在的感知、对商家的社会存在感、评级和在线评论的信息性、在线评论的生动性）和 2 个机体变量（感知的优惠券价值和产品情境涉入）对用户优惠券分享意愿的影响机理。结果表明除了对商家的社会存在感，其他 5 个特征因子均通过感知的优惠券价值或情境涉入对分享意愿产生间接影响。研究结果为实践者改进移动优惠券服务和信息管理，促进用户分享优惠券提供了指导。本章的研究对基于社交媒体的移动优惠券分享的理论研究和企业实践都提供了一定的启示和参考。

从理论意义上来说，首先，本章基于 S-O-R 框架揭示了优惠券的基本特征和社会化商务特征对用户分享行为的影响机理，为探索商务型移动社交媒体环境下用户分享移动优惠券的关键影响因素提供了新的视角。其次，本章探讨了商务型移动社交媒体环境下的重要特征因素——社会存在感以及评级和在线评论信息如何影响消费者分享线下商家的优惠券。目前，社交媒体的发展使更多的线下商家认识到社交商务的重要性，并利用在线社交平台开展促销分享推荐的商务活动。然而，以前许多关于社交商务中消费者的行为研究都是单纯的在线商家环境，很少有研究探讨在线社交商务环境如何影响线下商家的消费者分享行为，本章研究填补了这一空白。

从实践意义来说，本章研究帮助服务提供商和商家识别了在商务型移动社交媒体情境下用户做优惠券分享决策时关注的主要因素。引导用户对移动优惠券形成正向的价值评估并提升产品的情境涉入，应成为服务提供者与商家的主要目标。为达到这些目标，首先，服务提供商和商家可以尽量提供高经济利益的优惠券；其次，服务提供商可以增强用户对网页的社会存在感以便提高用户的产品情境涉入；再其次，服务提供商和商家也可以提升用户对他人存在的感知；最后，服务提供商和商家需增强评级和在线评论信息的信息性，增加评论的生动性。

第 5 章
基于社交型移动社交媒体的用户优惠券分享行为研究

5.1 问题的提出

随着移动互联网和社交媒体的发展,微博和微信作为国内的两个主流的社交型移动社交媒体平台,积累了数以亿计的庞大用户群体。据微博财报统计,截至 2019 年年底,微博月活跃用户达到 5.5 亿(站长之家,2019)。微信发布的数据报告表明 2019 年微信月活跃用户更是突破了 11 亿(新浪科技,2019)。两大社交媒体凭借庞大的用户规模和便捷的用户互动方式成为人们进行信息获取与分享的主要交流场所。同时,商家也认识到了这两大社交媒体平台不仅仅只是单一的社交应用软件,更是功能强大的营销推广和营销信息传播的新一代营销利器,蕴含了巨大的营销价值。目前许多商家已经基于两大移动社交媒体平台大量地开展了自己的营销业务,例如,向客户群体发送优惠券信息,使用户可以随时随地将优惠券分享给自己的移动社交网络成员，促进优惠券信息在移动社交平台的传播和扩散，提升促销效果。然而，不同于其他一般的信息，优惠券信息带有很浓的商业性质。虽然分享优惠券也许能够给移动社交网络好友带来福利，促进社交关系，但是也可能为分享者带来负面影响。例如，被分享者可能会被一些好友认为爱捡小便宜或者有帮商家打广告的嫌疑。社交媒体平台营造的社交环境也会影响用户的认知。面对这些影响，在社交型移动社交媒体情境下，用户到底如何权衡利弊，做出分享决策是值得商家关注的问题。

同时，虽然同为社交型移动社交媒体平台，微博和微信在平台属性、社交关系、用户使用、信息传播范围和个人形象塑造上存在较大的差异。例如，朱炜等（2014）的研究认为微博的媒体属性更强，偏向于关系质量较弱的陌生人或有共同喜好的网络朋友之间的信息交流与分享。微信的社交属性则更强，偏向于关系质量较强的熟人之间的社会关系维系。同时，从信息传播范围来看，微信平台是一个相对封闭的信息传播环境，受众多为现实生活中的熟人或者社交网络中熟识的朋友，这些群体与信息分享者具有一定的相似性。而微博平台则相对开放和扩散，信息受众的范围更广，受众群体与分享者具有一定的异质性（张荣恺和么明珠，2016）。另外，在社交媒体平台上，人们可以通过分享信息向他人展示自己，塑造个人形象。在不同的社交媒体平台上，人们在个人形象的构建上存在较大差异。由于微信中的好友建立在熟人关系上，彼此有一定的了解，所以人们在微信平台上往往倾向于分享和呈现出自认为与对方在实际交往中建立的自己所"想象"的印象相符的信息（陈威和邵璐，2017）。而在微博平台上，用户的身份可以是匿名的，人们可以更加自由地呈现出与自己内心真实想要的形象相关的信息（陈威和邵璐，2017）。这些平台差异可能会导致移动社交媒体用户分享优惠券的行为机理有所不同。

虽然现有研究得到了一些有益的结论，但是鲜有文献研究社交型移动社交媒体背景下用户的优惠券分享行为，尤其是对比分析用户在微博和微信平台上分享行为的差异研究更少。现在微博和微信营销对商家而言都是非常重要的，摸清用户在不同社交媒体平台上参与营销活动的影响机理从而有针对性地进行差异化营销非常有必要。因此本章的研究目的主要包括以下两个方面：第一，在社交型移动社交媒体背景下探究环境因素对用户优惠券分享行为的影响机制，为商家促进用户分享优惠券提供有价值的建议和措施；第二，探索微博和微信用户优惠券分享行为机理及影响因素的差异,进一步为商家在微博和微信平台进行更加有针对性的营销提供参考和指导。

5.2 研究的理论基础

5.2.1 面子理论

社会心理学、社会学和传播学的相关研究广泛讨论了面子的概念。面子是指个体在与他人互动中认知到的社会性和公开性的自我形象,这种自我形象认知取决于他人对个体的态度和行为(Chan et al.,2009)。个体感知的面子也可以分为"争面子"和丢面子。当个体能够表现出超越社会期望的行为或成就时就争得面子;反之,当个体行为不符合社会规范或低于社会期望时就会感到丢面子(Zhang et al.,2011)。在中国的集体主义导向文化下,面子观念对中国人的人际交往行为有着至关重要的影响。在社会交往中,中国人看重群体对其的看法和评价,因此倾向于主动地管理和向他人传播积极的印象以便"争面子"。同时,中国人更害怕丢面子,当感知到面子面临威胁风险时,会采取措施保护面子或者尽可能避免发生丢面子的情况。先前营销相关的研究表明,面子显著地影响消费者的决策(Chan et al.,2009)。而现有研究表明,争面子和保面子对中国人的知识共享行为有显著影响(Qian et al.,2008)。在消费者购买行为研究中,学者们指出消费者购买产品时会考虑面子风险,即消费者所选择的产品在一定程度上象征着其在社会上的身份和地位,他们会担心购买的产品是否能被大众认可,能否达到自己的预期(张晓燕和张淘,2016)。

5.2.2 社会支持理论

社会支持是指个体在一个社会团体中感受到的获得照顾、回应和帮助的体验(Liang et al.,2011)。在社交媒体平台上,当社交成员获得其他成员的照顾、帮助或及时回应时,会获得归属感,认为自己也有责任去给其他成员提供社会支持，从而增进彼此之间的友谊和信任。在频繁的支持互动中成员之间逐渐建立亲密的关系，个体的幸福感也逐步提升。社交网络中其他用户的行为是社交环境中的重要组成部分。因此，本章将社交媒体平台上其他成员的社会支持作为社交媒体用户分享优惠券的环境因素。

社会支持包括多个维度，例如，有形支持、无形支持、信息支持和情感支持等。在社会化商务中，社会支持通常由两个维度组成：信息支持和情感支持（Hu et al., 2019）。因此，本章也将考虑信息支持和情感支持两个维度。

5.2.3 社会认知理论

社会认知理论探讨了个体、环境和行为之间的关系，其主要观点是三元交互决定论（Bandura, 2019）。个体因素会影响行为的发生，行为产生的结果又会反过来影响个体因素。环境会对个体认知、态度、情感等产生重要影响，但也取决于个体的认知程度。个体行为受所处环境的影响和制约，同时个体也会通过主观能动性改变环境来适应个体的需要。总之，个体行为、个体因素和环境因素是两两关联、双向交互的动态作用关系。

在社会认知理论中，结果预期是个体认知行为的核心。结果预期是指个体对自身行为导致的可能后果的判断，是影响个体行为的重要因素。结果预期可以进一步分为不同的形式，例如，班杜拉（Bandura, 1997）将结果预期分为了对自我评估的结果、社会结果和身体结果三种形式。在虚拟社区的研究中，学者们将结果预期分为了个体结果预期和社区相关结果预期（Chiu et al., 2006）。因此，本章也将考虑这两类结果预期对移动社交媒体用户优惠券分享行为的影响。

5.3 研究模型和假设

5.3.1 研究模型

社会认知理论认为其他个体的行为是特定目标个体社会环境的构成部分，

会影响该个体的行为（Bandura，1986）。因此社会认知理论被广泛应用于虚拟社区中个体行为的研究中。在这些研究中，虚拟社区中其他用户的交流、互动、联结、价值共创等行为被视为环境因素对特定目标个体的认知和特定行为产生影响（赵希男等，2018；周军杰，2016）。在社交网络中，其他成员对用户的社会支持属于一种互动交流，因此本章将其他网络成员的社会支持（即信息支持和情感支持）看作社交媒体用户所处的社交环境因素。这两个环境因素将影响用户分享优惠券的个人结果预期和与社区相关的结果预期。其中，根据本章的研究情景，个人结果期望包括经济结果期望和社交结果预期。与社区相关的结果预期主要是指与社交成员相关的结果预期。以上所提及的社交环境和结果预期相关因素对用户的优惠券分享意图产生影响。最后，结合面子理论，用户感知的面子风险将影响优惠券分享行为，同时社交环境因素又对感知面子风险产生影响。同时，信息分享经历和人口特征因素如性别、年龄、收入和受教育程度等对分享行为产生影响，因此本章也考虑将这些变量作为控制变量。最终本章构建的理论模型如图 5-1 所示。

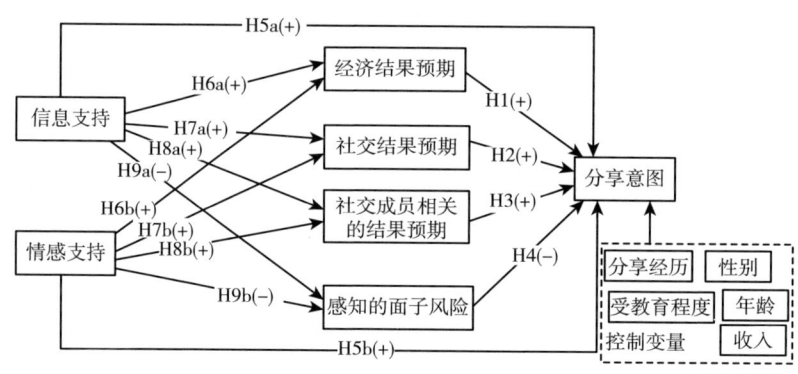

图 5-1 理论研究模型

5.3.2 研究假设

5.3.2.1 个人结果预期

（1）经济结果预期和分享意图。
经济结果预期指社交媒体用户对分享优惠券将会给自身的经济利益带来

的可能后果的判断。在优惠券促销中，为了使优惠券能够触及更多的消费群体，商家往往会采取经济奖励措施如给予分享用户更多的折扣、额外返券或额外赠品等经济优惠。因此，用户分享优惠券可能会获得经济奖励，经济奖励属于用户分享优惠券获得的回报。根据社会认知理论，如果人们相信自己的行为会带来一些回报，他们将更有可能执行目标行为（Ifinedo，2017）。另外，从社会交换理论的视角来看，知识共享是一种社会交换行为。研究表明分享者可能希望获得一些内在的和外在的回报，而经济回报是交换获得的主要外部回报之一（Yan et al.，2016）。因此，提出如下假设：

H1：经济结果预期正向影响优惠券分享意图。

（2）社交结果预期和分享意图

社交结果预期指社交媒体用户对分享优惠券将会给自身社交带来的可能后果的判断。社交互动是社交网络成员的基本需求。移动社交媒体用户分享优惠券是和其他社交成员进行互动的一种方式。因此，当用户期望优惠券分享可以增强用户和社交列表好友的互动时，将采取积极的分享行为。同时，优惠券可以让社交列表好友也能享受到优惠。这代表了分享者对好友的关心和友善，因此分享优惠券可以增进友谊，促进用户和好友形成良好的社交关系。这些社交收益将促进用户分享优惠券给移动社交媒体好友。汤等（Tang et al.，2016）的研究表明社交成员的社交互动动机正向影响其在社交网络分享优惠券的意愿。因此，提出如下假设：

H2：社交结果预期正向影响优惠券分享意图。

5.3.2.2 与社交成员相关的结果预期和分享意图

与社交成员相关的结果预期是指社交媒体用户对分享优惠券将会给社交成员带来的可能后果的判断。相关研究表明个体在虚拟社区分享知识不仅和自身结果预期相关，而且和社区结果预期相关，例如，个体分享知识的目的是希望帮助虚拟社区积累知识、维系运作和成长（Chiu，2006）。另外，在移动社交网络中，用户得到了社交网络成员的帮助和关怀。由社会交换理论可知，当人们从他人处获得实质性帮助或感受到友善时，为了在心理上得到平衡和维持互惠的人际关系，人们也会对他人的恩惠给予相应地回报或者向对方表达自己的善意（Gouldner，1960），产生利他的行为倾向。在本章中，除了和自身相关的结果预期之外，用户出于利他的目的，期望接受者也能享受到优惠，从而分享优惠券。同时，用户也可能出于互惠的目的，期望主动分享优惠券可能会带动其他社交好友也分享优惠券，从而使社交成员之间彼此互惠。当用户预期分享优惠券可以为社交好友带来好处并且也有可能为自己带来好处时，他们会更加积极地去执行该行为。因此，提出如下假设：

H3：社交成员相关的结果预期正向影响优惠券分享意图。

5.3.2.3 感知的面子风险

感知的面子风险是指社交媒体用户所感知的分享优惠券到移动社交媒体给自身面子带来的不确定性损失，如可能使面子不保或者丢面子。其中，感知的面子风险既包括个体对自身的负面认知，如自身心理上感到尴尬、别扭等，也包括他人可能对自己产生负面评价。研究表明消费者担心兑现优惠券可能会被他人认为吝啬或爱捡便宜而给他人留下负面印象（Ashworth et al.，2005）。另外，如果当优惠券并不是好友所需要的时，会给好友带来打扰。因此，和知识或其他信息不同，分享优惠券虽然可以给社交好友带来利益，但也可能会造成好友对自己的负面评价。尤其是部分优惠券分享是和分享者自身利益相关联的，如分享者分享给好友之后就可以获得额外的好处。因此，分享者会担忧好友可能会认为分享者是为了自身利益才进行优惠券分享的。综上所述，优惠券分享者在心理上可能会担心好友对自己产生负面反馈，从而感到有可能面子不保甚至丢面子的风险。根据面子理论，当感知面子受到威胁，面临风险时，人们倾向于采取避免丢面子的行为。因此，提出如下假设：

H4：感知的面子风险负向影响优惠券分享意图。

5.3.2.4 社会支持

（1）社会支持和分享意图。

本章将社会支持分为了信息支持与情感支持两个维度。信息支持是指社会群体提供知识、建议、指导或意见来为成员提供有用的帮助（Liang et al.，2011）。情感支持是指社会群体给予成员情感方面的关注、理解和关怀等。获得社会支持是社交媒体用户参与互动交流的主要目的之一。当社交成员能够积极地为用户提供建议帮助他们解决问题或者经常分享一些有用的信息，以及向用户表达情感上的友善和关心时，将增进用户和社交成员进行信息交流和分享的意愿。秦敏和李若男（2020）的研究表明信息支持和情感支持均显著地促进在线社区用户的贡献行为。马贾尔（Madjar，2011）的研究表明良好的社会支持氛围正向影响社区成员自发地做出对社区有利的行为。因此，提出如下假设：

H5a：信息支持正向影响优惠券分享意图。

H5b：情感支持正向影响优惠券分享意图。

（2）社会支持和经济结果预期。

信息支持和情感支持实质上反映了社交成员愿意为用户提供帮助、回应和情感关注的程度。用户获得的信息支持越多意味着社交成员越愿意为用户提供意见或建议帮助其答疑解惑。同样的，用户获得来自社区成员的情感支持越多，表明社交成员对用户的接纳、认可和理解程度越高，从而更愿意在用户需要帮助时进行及时的响应。在本章中，用户一般可以通过执行特定任务，例如，直接分享优惠券给社交成员或分享优惠券之后再邀请其他成员帮忙完成"点赞"、评论等来获得优惠或折扣。执行分享任务的行为其实就是一种求助行为。如果用户处在一个经常提供互帮互助的良好氛围中时，用户会认为其获得帮助的可能性较高，进而会相应地提高对可能成功获得经济性奖励的期望。因此，提出如下假设：

H6a：信息支持正向影响经济结果预期。

H6b：情感支持正向影响经济结果预期。

（3）社会支持和社交结果预期。

良好的社会支持能够增强社交成员之间的互动，使成员之间彼此更加熟悉和互相理解（Li，2019），形成良好的社交关系。信息支持和情感支持可以激发用户与其他社交成员互动，建立情感连接的欲望。在本章中，用户分享优惠券可以将有价值的信息传递给他人，并借助分享的优惠券与他人进行互动交流，增进与他人的联系和社会关系维系，从而提升用户分享优惠券的社交结果预期。因此，提出以下假设：

H7a：信息支持正向影响社交结果预期。

H7b：情感支持正向影响社交结果预期。

（4）社会支持和与社交成员相关的结果预期。

当用户能够经常从社交成员处获得信息支持时，将促使其对社交成员产生认同感，并觉得社交成员值得信赖（Coulson et al.，2007）。同时，社交成员对用户的积极情感表达，例如，关注、鼓励、关心、同情等也会使用户产生被社交成员接纳和认同的感觉。在本章研究情境下，当社交成员认可用户分享的优惠券并去兑现时就会获得经济利益，同时感受到用户的关怀和帮助。社会支持和情感支持会增加用户的被认同感。当用户感知到更高的认同感时，会倾向于确信自己分享优惠券能为其他社交网络成员带来好处，最终提升用户为其他成员带来利益的期望。另外，社交成员的帮助和关怀会促使用户产生利他倾向（Gouldner，1960）。用户的利他倾向也会增强其为其他社交媒体成员带来福利的预期。因此，提出以下假设：

H8a：信息支持正向影响与社交成员相关的结果预期。

H8b：情感支持正向影响与社交成员相关的结果预期。

（5）社会支持和感知的面子风险。

戈夫曼（Goffman，1995）指出个体认为自己是否有面子取决于自己想象他人会如何评价自己以及他人真正的是如何看待自己的。在社会交际中，个体都期望获得他人的接纳、赞赏和认同，这样自己才感觉有面子。当社交媒体用户能够获得其他社交成员的帮助，感受到他人的关心时，会促进用户相信他们受到了社交成员的尊重和重视，感知到有面子。另外，社会支持促进社交成员之间彼此信任。知识分享的研究表明，信任会减轻组织成员对知识分享是否恰当的顾虑（McEvily et al.，2003）。师晓帅（2011）的研究表明，在强关系中，在线有偿推荐者和被推荐者的信任使推荐者感知到更低的社会风险（即丢面子的可能性）。优惠券兑现的相关研究表明，虽然使用优惠券可能会给人留下负面的社会印象，促使消费者因为印象管理的需要对兑现优惠券有所顾虑，但是当消费者和已经确立朋友关系的人在一起时，其印象管理动机会减弱，从而更有可能兑现优惠券（Ashouworth et al.，2005）。在本章中，移动社交媒体用户得到的信息支持和情感支持可以促进用户的被认同感，和社交成员彼此信任，促进强关系的建立，进而降低用户对面子风险的感知。因此，提出以下假设：

H9a：信息支持负向影响感知的面子风险。

H9b：情感支持负向影响感知的面子风险。

5.4 研究方法

5.4.1 问卷设计

本章首先基于具体研究情境并借鉴现有文献中的成熟量表设计了模型中变量的测量量表。除了与社交成员相关的结果预期为二阶形成型变量以外，其他变量均为反映型变量。其中，信息支持和情感支持的测量指标参考了张等（Zhang et al., 2014）的研究。经济结果预期的测量指标来自博克（Bock et al., 2005）的研究。社交结果预期的测量项借鉴了博克（Bock et al., 2005）和伊菲尼多（Ifinedo, 2017）的研究。面子风险的测量指标改编自艾森格里奇等（Eisingerich et al., 2015）的研究。分享意愿的测量项来自崔等（Choi et al., 2018）以及薛和周（Xue & Zhou, 2011）的研究。社交媒体信息分享经历借鉴了鲁等（Lu et al., 2011）的研究。与社交成员相关的结果预期由利他和互惠两个一阶反应型变量构成。互惠结果预期的测量项改编自汤等（Tang et al., 2016）的研究，利他结果预期的测量项改编自李旭和王刊良（2020）的研究。所有测量项均采用李克特量表的7分法进行测量，分值取值范围为"1"（代表非常不同意）到"7"（代表非常同意）。

在量表设计的基础上本章接着完成了问卷的初步设计，并邀请本研究领域的专家学者审核问卷，提出了一些修改意见。根据他们给出的建议对问卷进一步修改完善。随后又邀请35名有过社交媒体平台优惠券分享经历的用户对问卷进行前测，并根据他们的评价和建议调整了一些测量项的文字表达方式，使每个构念的测量项的措辞和表达的意思更加清晰明了、简洁，从而形成了最终的正式问卷。

5.4.2 数据收集

本章采用在线问卷调查的方式收集数据。我们在专业的问卷调查网站"微调查"发布了问卷,并邀请微博和微信用户参与调查。在问卷的开头设置了题项询问参与调查者是否是微博(或微信)用户,只有回答"是"的用户才能正式参与问卷调查,否则将直接跳转到问卷结束页面。每位成功提交正式问卷的参与者将获得 3 元奖励。为确保每位参与者只提交一份问卷,每个 IP 地址只允许填写一次问卷。我们共收到问卷 811 份,删掉非目标用户和所有问题答案几乎相同或答题时间太短的问卷之后,最终得到有效问卷 631 份,其中微博用户问卷 306 份,微信用户问卷 325 份,有效问卷率为 77.81%。在微博用户样本中,男性占 44.8%,女性占 55.2%;超过 80% 的参与者年龄集中在 19~30 岁之间;60.4% 的参与者受教育程度在本科及以上;50.7% 的参与者月收入在 3000 元以上。在微信用户样本中,男性占 50.8%,女性占 49.2%;超过 75% 的参与者年龄在 19~30 岁之间;66.5% 的参与者受教育程度在本科及以上;月收入在 3000 元以上的参与者占 52.6%。具体的样本人口特征统计详情如表 5-1 所示。

表 5-1　样本人口特征统计表 ($N=631$)

变量	测度项	微博用户		微信用户	
		频数	比例(%)	频数	比例(%)
性别	男	137	44.8	165	50.8
	女	169	55.2	160	49.2
年龄	18 岁及以下	8	2.6	13	4.0
	19~24 岁	169	55.2	165	50.8
	25~30 岁	89	29.1	91	28.0
	31~35 岁	29	9.5	38	11.7
	35 岁以上	11	3.6	18	5.5
受教育程度	高中及以下	26	8.5	31	9.5
	专科	95	31.0	78	24.0
	本科	177	57.8	202	62.2
	硕士及以上	8	2.6	14	4.3

续表

变量	测度项	微博用户		微信用户	
		频数	比例（%）	频数	比例（%）
职业	学生	127	41.5	132	40.6
	企业职员	98	32.0	139	42.8
	教师	9	2.9	6	1.8
	政府公务员	6	2.0	12	3.7
	其他	66	21.6	36	11.1
月收入	1000元以下	69	22.5	83	25.5
	1000~3000元（含1000元）	82	26.8	71	21.8
	3000~5000元（含3000元）	77	25.2	82	25.2
	5000元及以上	78	25.5	89	27.4

注：由于表中"比例"数据采用四舍五入的方式，小数位后保留一位数值，因此"比例"之和可能不等于100%。

5.5 数据分析和结果

由于本章模型中包含有二阶形成型变量，因此采用偏最小二乘法（partial least squares，PLS）检验理论研究模型，我们选用结构方程模型评估软件 SmartPLS 3.0 对测量模型和结构模型进行检验评估。

5.5.1 测量模型评估

首先采用 SPSS 23.0 软件进行主成分分析，得到微博用户和微信用户样本数据的 KMO 的值分别为 0.871 和 0.857，Bartlett 球度检验的显著性均为 0.000，说明两个样本数据都适合进行因子分析。我们采用最大方差法旋转两个样本中反映型变量的数据矩阵，并提取特征值大于 1.0 的 9 个因子。结果如表 5-2 所示，两个样本数据的所有反映性构念的因子负载在预期因子上均高于 0.6，而在其他因子上均低于 0.4，说明研究量表具有较好的信度和效度。

表 5-2 最大方差旋转矩阵（微博与微信用户样本）

测度项	微博用户							微信用户						
	社交结果预期 (SOE)	情感支持 (EMS)	感知的面子风险 (PFR)	利他结果预期 (AMOE)	信息分享经历 (ISE)	信息支持 (INS)	分享意图 (SHI)	互惠结果预期 (SMOE)	经济结果预期 (EOE)	社交结果预期 (SOE)	情感支持 (EMS)	感知的面子风险 (PFR)	利他结果预期 (AMOE)	信息分享经历 (ISE)	信息支持 (INS)	分享意图 (SHI)	互惠结果预期 (SMOE)	经济结果预期 (EOE)
SOE1	**0.763**	0.122	-0.108	0.088	0.166	0.165	0.069	0.170	0.088	**0.813**	0.088	-0.170	0.174	0.151	0.027	0.044	0.105	0.154
SOE2	**0.838**	0.173	-0.158	0.135	0.036	0.103	0.162	0.051	0.055	**0.837**	0.055	-0.144	0.120	0.175	0.058	0.177	0.098	0.108
SOE3	**0.795**	0.141	-0.232	0.148	0.091	0.157	0.040	0.086	0.073	**0.852**	0.031	-0.162	0.178	0.078	0.113	0.118	0.111	0.049
SOE4	**0.772**	0.122	-0.047	0.145	0.113	0.034	0.158	0.167	0.088	**0.743**	0.127	-0.055	0.186	0.130	0.086	0.193	0.311	0.068
EMS1	0.045	**0.719**	-0.078	0.074	0.170	0.110	0.040	0.039	0.300	0.042	**0.727**	-0.073	-0.060	0.133	0.198	0.052	0.051	0.068
EMS2	0.070	**0.819**	-0.034	0.057	0.045	0.220	0.141	0.061	0.065	0.040	**0.84**	-0.101	0.072	0.132	0.211	0.050	0.077	0.077
EMS3	0.280	**0.741**	-0.035	0.067	0.095	0.181	0.138	0.022	-0.124	0.119	**0.807**	-0.050	0.204	0.061	0.144	0.124	0.056	-0.017
EMS4	0.173	**0.811**	-0.015	0.055	0.085	0.216	0.041	-0.015	-0.072	0.054	**0.822**	0.027	0.182	0.047	0.128	0.165	0.047	0.029
PFR1	-0.159	-0.076	**0.870**	-0.043	-0.015	0.037	-0.070	0.057	-0.003	-0.163	0.001	**0.821**	-0.201	-0.061	-0.094	-0.102	0.016	0.003
PFR2	-0.106	-0.017	**0.896**	-0.026	-0.134	-0.041	-0.074	-0.070	0.041	-0.173	-0.042	**0.880**	-0.032	-0.037	-0.114	-0.055	-0.048	0.028
PFR3	-0.161	-0.031	**0.830**	-0.023	-0.108	-0.169	-0.173	-0.101	0.044	-0.085	-0.123	**0.845**	-0.002	-0.066	-0.035	-0.063	-0.103	0.022
AMOE1	0.169	0.078	-0.052	**0.848**	0.074	0.057	0.178	0.099	0.164	0.303	0.194	-0.114	**0.791**	0.062	0.086	0.147	0.165	0.115
AMOE2	0.214	0.080	0.015	**0.812**	0.143	0.105	0.236	0.107	0.113	0.195	0.149	-0.085	**0.846**	0.080	0.112	0.189	0.076	0.165

续表

测度项	微博用户											微信用户										
	社交结果预期(SOE)	情感支持(EMS)	感知的面子风险(PFR)	利他结果预期(AMOE)	信息分享经历(ISE)	信息支持(INS)	分享意图(SHI)	互惠结果预期(SMOE)	经济结果预期(EOE)	社交结果预期(SOE)	情感支持(EMS)	感知的面子风险(PFR)	利他结果预期(AMOE)	信息分享经历(ISE)	信息支持(INS)	分享意图(SHI)	互惠结果预期(SMOE)	经济结果预期(EOE)
AMOE3	0.112	0.076	-0.076	**0.695**	0.142	0.022	0.038	0.299	0.214	0.187	0.085	-0.096	**0.724**	0.119	0.164	0.117	0.306	0.118
ISE1	0.067	0.095	-0.059	0.197	**0.864**	0.143	0.087	0.050	-0.002	0.144	0.077	-0.047	0.016	**0.867**	0.033	0.042	0.117	-0.055
ISE2	0.098	0.122	-0.071	0.156	**0.849**	0.094	0.133	0.014	0.057	0.15	0.060	-0.030	0.043	**0.906**	0.055	0.007	0.063	0.036
ISE3	0.220	0.154	-0.167	-0.044	**0.733**	0.194	0.155	0.123	0.089	0.137	0.285	-0.121	0.202	**0.714**	0.110	0.168	-0.012	0.077
INS1	0.185	0.169	-0.089	0.113	0.111	**0.833**	0.061	-0.024	0.033	0.103	0.263	-0.162	0.130	0.066	**0.788**	0.045	0.035	0.050
INS2	0.122	0.323	-0.028	0.103	0.192	**0.796**	0.141	0.058	0.113	0.063	0.173	-0.084	0.047	0.088	**0.870**	0.163	0.040	0.062
INS3	0.122	0.393	-0.065	-0.037	0.174	**0.713**	0.054	0.082	0.031	0.075	0.309	-0.031	0.151	0.033	**0.730**	0.227	0.083	0.022
SHI1	0.207	0.153	-0.305	0.105	0.118	0.094	**0.731**	0.122	0.093	0.092	0.086	-0.351	0.211	0.093	0.232	**0.709**	0.089	0.128
SHI2	0.014	0.084	-0.028	0.285	0.119	0.125	**0.816**	0.108	0.076	0.217	0.123	0.053	0.096	0.005	0.128	**0.823**	0.101	0.023
SHI3	0.234	0.136	-0.112	0.084	0.173	0.033	**0.800**	0.181	0.119	0.157	0.208	-0.118	0.153	0.131	0.125	**0.777**	0.055	0.172
SMOE1	0.209	0.026	-0.044	0.208	0.045	0.062	0.193	**0.862**	0.122	0.248	0.109	-0.104	0.225	0.101	0.060	0.102	**0.852**	0.094
SMOE2	0.212	0.058	-0.065	0.227	0.112	0.019	0.176	**0.854**	0.148	0.235	0.097	-0.049	0.188	0.084	0.074	0.102	**0.872**	0.139
EOE1	0.140	0.038	0.043	0.207	0.057	0.114	0.209	0.126	**0.829**	0.127	0.033	0.000	0.156	-0.010	0.119	0.158	0.046	**0.860**
EOE2	0.098	0.049	0.046	0.201	0.050	0.023	0.039	0.121	**0.872**	0.148	0.091	0.054	0.129	0.037	-0.005	0.065	0.158	**0.859**

为进一步检验信度和效度，对反映型构念的样本数据做验证性因子分析（CFA），计算各反映型构念的 Cronbach's a 值、AVE 值、CR 值和相应测度项的标准负荷，两个样本数据的具体结果如表 5-3 所示。各指标在对应因子上的标准负载范围为 0.731~0.953。所有的标准负荷都大于 0.7，所有构念的 Cronbach's a 值都在 0.7 以上，CR 均大于 0.8，AVE 均大于 0.6，说明量表具有较好的信度和收敛效度。

表 5-3　　标准负荷、Cronbach's a、CR 和 AVE 的值

构念	测量项	微博用户				微信用户			
		标准负荷	Cronbach's a	CR	AVE	标准负荷	Cronbach's a	CR	AVE
信息支持（INS）	INS1	0.861	0.849	0.908	0.768	0.854	0.839	0.903	0.756
	INS2	0.923				0.892			
	INS3	0.843				0.862			
情感支持（EMS）	EMS1	0.770	0.843	0.894	0.679	0.731	0.864	0.907	0.711
	EMS2	0.855				0.883			
	EMS3	0.831				0.880			
	EMS4	0.839				0.870			
经济结果预期（EOE）	EOE1	0.953	0.817	0.912	0.839	0.929	0.773	0.897	0.813
	EOE2	0.877				0.873			
社交结果预期（SOE）	SOE1	0.842	0.884	0.920	0.743	0.861	0.908	0.935	0.784
	SOE2	0.903				0.903			
	SOE3	0.871				0.902			
	SOE4	0.829				0.875			
感知的面子风险（PFR）	PFR1	0.845	0.876	0.922	0.797	0.885	0.855	0.912	0.775
	PFR2	0.910				0.907			
	PFR3	0.922				0.848			
利他结果预期（AMOE）	AMOE1	0.901	0.841	0.904	0.760	0.901	0.881	0.927	0.810
	AMOE2	0.899				0.896			
	AMOE3	0.817				0.821			
互惠结果预期（SMOE）	SMOE1	0.951	0.896	0.951	0.906	0.950	0.901	0.953	0.910
	SMOE2	0.953				0.953			

续表

构念	测量项	微博用户				微信用户			
		标准负荷	Cronbach's a	CR	AVE	标准负荷	Cronbach's a	CR	AVE
分享意愿（SHI）	SHI1	0.867	0.840	0.904	0.758	0.881	0.820	0.892	0.734
	SHI2	0.848				0.800			
	SHI3	0.897				0.886			
信息分享经历（ISE）	ISE1	0.881	0.845	0.906	0.763	0.808	0.839	0.893	0.736
	ISE2	0.882				0.851			
	ISE3	0.858				0.911			

为了评估量表的区分效度，表5-4对比了各因子AVE值的平方根和该因子与其他因子的相关系数，结果显示各因子AVE值的平方根均大于其与其他因子的相关系数，说明量表有较好的区别效度。

表5-4　　各变量AVE值的平方根与相应相关系数的比较

变量		MOE	AMOE	SMOE	INS	EMS	EOE	SOE	PFR	SHI	ISE
MOE	微博用户	—									
	微信用户	—									
AMOE	微博用户	**0.863**	**0.872**								
	微信用户	**0.978**	**0.900**								
SMOE	微博用户	**0.863**	0.491	**0.952**							
	微信用户	**0.675**	0.509	**0.954**							
INS	微博用户	0.282	0.277	0.205	**0.876**						
	微信用户	0.393	0.390	0.249	**0.869**						
EMS	微博用户	0.276	0.270	0.204	0.525	**0.824**					
	微信用户	0.389	0.381	0.265	0.522	**0.843**					
EOE	微博用户	0.458	0.428	0.351	0.249	0.224	**0.916**				
	微信用户	0.382	0.368	0.276	0.202	0.148	**0.902**				
SOE	微博用户	0.487	0.414	0.422	0.386	0.407	0.280	**0.862**			
	微信用户	0.580	0.533	0.527	0.286	0.273	0.300	**0.885**			
PFR	微博用户	-0.217	-0.160	-0.214	-0.271	-0.175	-0.047	-0.352	**0.893**		
	微信用户	-0.295	-0.289	-0.200	-0.256	-0.177	-0.053	-0.338	**0.880**		

续表

变量		*MOE*	*AMOE*	*SMOE*	*INS*	*EMS*	*EOE*	*SOE*	*PFR*	*SHI*	*ISE*
SHI	微博用户	0.505	0.434	0.434	0.326	0.369	0.351	0.434	-0.397	**0.871**	
	微信用户	0.484	0.472	0.325	0.441	0.355	0.324	0.403	-0.399	**0.857**	
ISE	微博用户	0.330	0.295	0.271	0.426	0.359	0.217	0.383	-0.301	0.414	**0.873**
	微信用户	0.367	0.365	0.220	0.297	0.408	0.163	0.342	-0.239	0.388	**0.860**

注：（1）对角线上的数据为各因子 AVE 的平方根。（2）*MOE*：二阶变量——与社交成员相关的结果预期，*AMOE*：利他结果预期，*SMOE*：互惠结果预期，*INS*：信息支持，*EMS*：情感支持，*EOE*：经济结果预期，*SOE*：社交结果预期，*PFR*：感知的面子风险，*SHI*：分享意图，*ISE*：信息分享经历。

我们也利用方差膨胀因子（VIFs）检验了形成型构念的有效性。表 5-5 描述了形成型构念的方差膨胀因子和权重。从表 5-5 可知，微博用户样本和微信用户样本数据得到的 VIF 值都小于 3，因此形成性指标不存在严重的多重共线性问题。两个样本数据的一阶构念对二阶构念的权重都不同，表明每个一阶构念发挥的作用都不一样。综合以上指标表明与社交成员相关的结果预期可以被操作为由利他结果预期和互惠结果预期构成的二阶变量。

表 5-5　　　　形成型构念的方差膨胀因子（VIFs）和权重

二阶构念	一阶构念	微博用户		微信用户	
		VIF	权重	VIF	权重
与社交成员相关的结果期望（*MOE*）	利他（*AMOE*）	1.394	0.662	1.541	0.855
	互惠（*SMOE*）	1.330	0.492	1.362	0.242

因为本章数据收集的方法为受试者的自我报告，因此我们使用哈曼（Harman，1976）的单因素测量方法检查共同方法偏差（CMB）的问题。我们对所有一阶构念的 25 个测量项进行探索性非旋转因子分析，结果发现微博用户和微信用户样本数据均提取出 9 个因子。其中，微博用户样本数据解释方差为 78.5%，第一个因子的解释方差为 31.2%；微信用户样本数据解释方差为 79.2%，第一个因子的解释方差为 31.7%。两个样本数据的第一个因子的解释方差都低于 50%，因此在本章研究中不存在严重共同方法偏差问题。

5.5.2 结构模型评估

5.5.2.1 研究假设检验

我们首先检查了结构模型的多重共线性。通过两个样本数据的计算发现结构模型中所有构念的方差膨胀因子（VIF）值均小于 3，因此该结构模型不存在多重共线性问题。接着我们采用 SmartPLS 3.0 检验结构模型，评估模型的路径系数和显著性，结果如图 5-2 所示。

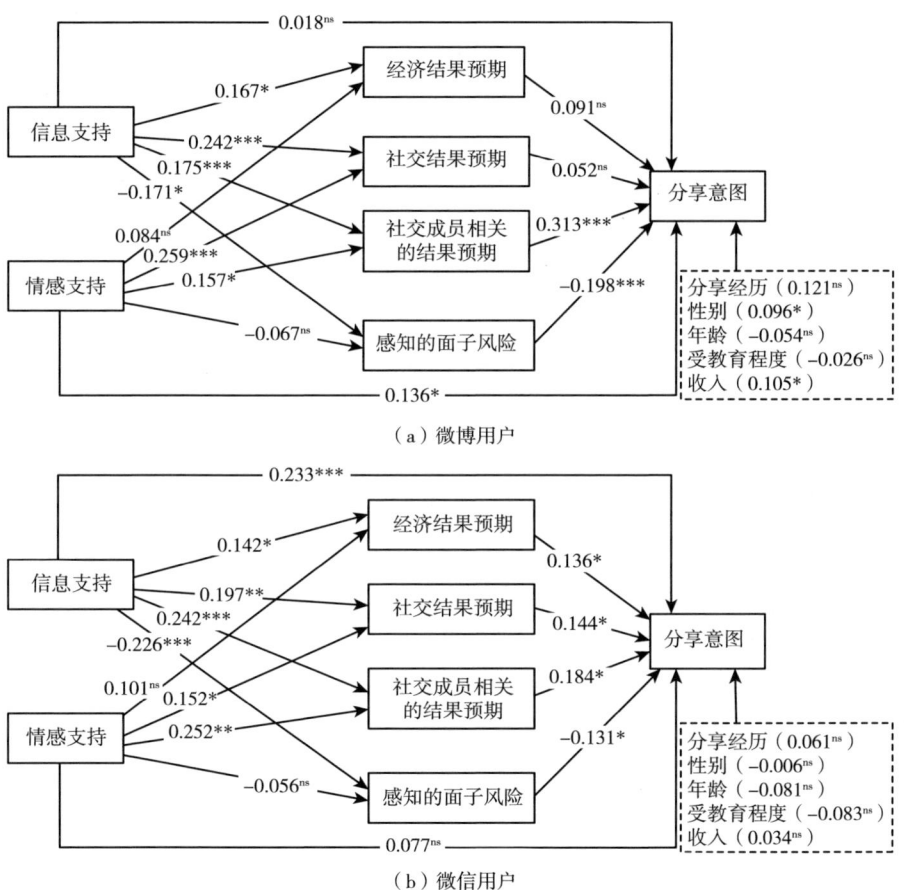

图 5-2　结构模型评估

注：* 表示 p＜0.05，** 表示 p＜0.01，*** 表示 p＜0.001，ns 表示不显著。

从图 5-2（a）可知，由微博用户样本数据评估模型得到的结果是在用户结果预期中，只有与社交成员相关的结果预期显著地正向影响分享意图，支持研究假设 H3，假设 H1 和假设 H2 没有得到支持；感知的面子风险显著地负向影响分享意图，支持研究假设 H4；信息支持显著地正向影响经济结果预期、社交结果预期和与社交成员相关的结果预期，同时显著地负向影响感知的面子风险，因此研究假设 H6a、假设 H7a、假设 H8a 和假设 H9a 得到支持；信息支持对分享意图的正向影响不显著，研究假设 H5a 未得到支持；情感支持显著地正向影响分享意图、社交结果预期和与社交成员相关的结果预期，支持研究假设 H5b、假设 H7b 和假设 H8b；情感支持对经济结果预期的正向影响和感知面子风险的负向影响不显著，因此研究假设 H6b 和假设 H9b 没有得到支持。在控制变量中，性别和收入对分享意愿有显著的影响，其他控制变量的影响均不显著。分享意愿被解释的方差为 40.9%。基于蒙眼程序（blindfolding procedures）计算的分享意愿的 Q^2 值为 0.274，表明该研究模型预测的相关性。

从图 5-2（b）可知，由微信用户样本数据评估模型得到的结果是在用户结果预期中，经济结果预期、社交结果预期和与社交成员相关的结果预期均显著地正向影响分享意图，支持研究假设 H1、假设 H2 和假设 H3；感知的面子风险显著地负向影响分享意图，支持研究假设 H4；信息支持显著地正向影响分享意图、经济结果预期、社交结果预期和与社交成员相关的结果预期，同时显著地负向影响感知的面子风险，因此研究假设 H5a、H6a、假设 H7a、假设 H8a 和假设 H9a 得到支持；情感支持显著地正向影响社交结果预期和与社交成员相关的结果预期，支持研究假设 H7b 和假设 H8b；情感支持对经济结果预期和分享意图的正向影响和感知面子风险的负向影响不显著，因此研究假设 H5b、假设 H6b 和假设 H9b 没有得到支持。另外，研究结果表明所有的控制变量对分享意愿的影响均不显著。分享意愿被解释的方差为 39.5%。基于蒙眼程序（blindfolding procedures）计算的分享意愿的 Q^2 值为 0.257，表明了该研究模型预测的相关性。

两个样本数据计算所得到的具体的路径系数、显著性 T 值和假设支持的结果如表 5-6 所示。

表 5-6　　　　　　　　假设检验的路径系数、T 值和结果

假设	路径	微博用户			微信用户		
		路径系数	T 值	假设支持结果	路径系数	T 值	假设支持结果
H1	EOE→SHI	0.091^{ns}	1.632	不支持	0.136*	2.206	支持
H2	SOE→SHI	0.052^{ns}	0.722	不支持	0.144*	2.368	支持
H3	MOE→SHI	0.313***	4.826	支持	0.184*	2.526	支持
H4	PFR→SHI	-0.198***	3.703	支持	-0.131*	2.385	支持
H5a	INS→SHI	0.018^{ns}	0.283	不支持	0.233***	3.400	支持
H5b	EMS→SHI	0.136*	2.217	支持	0.077^{ns}	1.024	不支持
H6a	INS→EOE	0.167*	2.528	支持	0.142*	2.020	支持
H6b	EMS→EOE	0.084^{ns}	1.202	不支持	0.101^{ns}	1.192	不支持
H7a	INS→SOE	0.242***	3.293	支持	0.197**	3.001	支持
H7b	EMS→SOE	0.259***	3.352	支持	0.152*	2.380	支持
H8a	INS→MOE	0.175***	2.399	支持	0.242***	3.429	支持
H8b	EMS→MOE	0.157*	2.164	支持	0.252**	3.034	支持
H9a	INS→PFR	-0.171*	2.503	支持	-0.226***	3.868	支持
H9b	EMS→PFR	-0.067^{ns}	0.582	不支持	-0.056^{ns}	0.963	不支持

注：（1）*表示 $p<0.05$，**表示 $p<0.01$，***表示 $p<0.001$，ns 表示不显著。（2）EOE：经济结果预期，SHI：分享意图，SOE：社交结果预期，MOE：与社交成员相关的结果预期，PFR：感知的面子风险，INS：信息支持，EMS：情感支持。

5.5.2.2　平台差异对用户分享意图的影响分析

鉴于微博和微信平台存在一定差异，本章对比分析了两个用户样本中各影响因素对相应因变量的影响是否存在显著差异。我们采用 T 检验的方法分析由微博和微信用户样本数据评估得到的主效应模型中每一对相同路径的系数是否存在显著性差异。T 检验通过公式（5-1）和公式（5-2）进行计算：

$$T = \frac{\beta_1 - \beta_2}{Spooled \times \sqrt{\left(\frac{1}{N_1} + \frac{1}{N_2}\right)}} \quad (5-1)$$

$$Spooled = \sqrt{\frac{(N_1-1) \times SE_1^2 + (N_2-1) \times SE_2^2}{N_1+N_2-2}} \qquad (5-2)$$

其中，β 为路径系数，N_1 和 N_2 分别为两个样本组的个数，SE 为结构方程模型中路径系数的标准误。具体的计算结果如表 5-8 所示，从表中可以看出在两个样本数据中，自变量对因变量的影响路径系数都存在显著的差异。

表 5-8　　　　　　　　路径系数的 T 检验

路径	微博用户		微信用户		T值
	路径系数	标准误	路径系数	标准误	
经济结果预期→分享意图	0.091ns	0.0032	0.136*	0.0034	-169.86
社交结果预期→分享意图	0.052ns	0.0042	0.144*	0.0034	-304.98
与社交成员相关的结果预期→分享意图	0.313***	0.0038	0.184*	0.0040	416.50
感知的面子风险→分享意图	-0.198***	0.0030	-0.131*	0.0030	-279.25
信息支持→分享意图	0.018ns	0.0037	0.233***	0.0038	-720.44
情感支持→分享意图	0.136*	0.0035	0.077ns	0.0042	190.92
信息支持→经济结果预期	0.167*	0.0038	0.142*	0.0040	81.36
情感支持→经济结果预期	0.084ns	0.0042	0.101ns	0.0045	-48.83
信息支持→社交结果预期	0.242***	0.0043	0.197**	0.0037	140.98
情感支持→社交结果预期	0.259***	0.0044	0.152*	0.0036	334.44
信息支持→与社交成员相关的结果预期	0.175*	0.0043	0.242***	0.0039	-204.59
情感支持→与社交成员相关的结果预期	0.157**	0.0042	0.252**	0.0046	-269.42
信息支持→感知的面子风险	-0.171*	0.0039	-0.226***	0.0032	192.42
情感支持→感知的面子风险	-0.067ns	0.0038	-0.056ns	0.0032	-39.44

注：* 表示 p<0.05，** 表示 p<0.01，*** 表示 p<0.001，ns 表示不显著。

5.6　结　果　讨　论

本章基于社会认知理论、社会支持理论和面子理论，以国内两大主流社交媒体平台——微博和微信为主要研究对象，实证对比研究了不同移动社交媒体平台的环境因素对用户分享优惠券的影响机理，得出的主要结论如下。

5.6.1 移动社交媒体平台的环境因素对用户优惠券分享意图的影响

在本章中，移动社交媒体平台的环境因素主要指其他成员对用户的社会支持，包括信息支持和情感支持。通过实证研究发现，对于微博用户样本，情感支持对用户分享行为有显著的直接正向影响，而信息支持对用户分享行为的直接影响不显著。而对于微信用户样本，信息支持对用户分享行为有显著的直接正向影响，而情感支持对用户分享行为的直接影响不显著。这些影响差异的可能原因是这两类移动社交媒体平台在信息传播属性、受众和社交关系建立上存在差异。微博侧重于社会公共信息的传播和讨论，信息内容公开透明，受众群体广泛，异质性强。优惠券信息属于私人日常消费类信息，微博用户可能会认为在微博上不太适宜传播这类跟私人生活相关的信息。另外，微博受众群体的异质性容易导致分享的优惠券可能不被很多人认同，因此即使微博用户得到了其他成员的各类信息支持，也不太愿意向大家分享优惠券信息。而微信则侧重于日常生活状态的分享，且传播内容具有一定的私密性，用户很容易控制优惠券分享的目标对象。因此当微信用户得到来自成员的信息支持时，也愿意将合适的优惠券信息分享给这些成员。

微信用户样本中情感支持对分享行为不显著的原因可能为微信是以社交为目的建立的强关系网络，其社交关系多来自现实生活中的社会关系，因此在微信平台上用户出于现实社交的目的倾向于维护自我形象。优惠券虽然可能为好友带来福利，也可能会使他人对分享者自身产生负面评价，比如认为分享者爱占小便宜或者为了帮商家打广告牟利。根据损失规避理论，微信用户对于优惠券分享会采取比较规避损失的方式。因此即使他们得到了来自好友的情感支持，也不足以促进其分享优惠券给好友。

5.6.2 移动社交媒体平台的环境因素对用户认知的影响

研究结果表明，对于微博和微信两类用户样本，信息支持对经济结果预期、社交结果预期、与社交成员相关的结果预期均有显著的正向影响，对感知的面子风险均有显著的负向影响。由此可知无论是在微博还是微信上，其他成员对用户的信息支持是增强用户对优惠券分享结果预期的重要影响因素。其他成员的信息支持促使用户既期望通过分享优惠券获得经济利益、与社交网络朋友建立更好的社交关系，也期望社交联系人享受到优惠，和自己互惠互利。同时，其他成员的信息支持还会降低用户感知的面子风险。

对于两类样本用户，情感支持只对社交结果预期和与社交成员相关的结果预期有显著的正向影响。这些结果表明其他成员与用户的情感连接也会影响用户期望分享优惠券以促进与社交媒体其他成员的社交，为其他成员带来好处，合作互惠。出乎意料的是，情感支持对经济结果预期和感知的面子风险的影响都不显著。可能原因是微博和微信都是用户在社交网络空间展现自我形象的舞台，在社交舞台上人们都期望建立良好的自我形象。经济结果预期和面子风险都关乎用户的自我形象。比如假若用户分享的优惠券虽然自己可以获利，但是不是其他成员所需要的，就会对其他成员造成打扰，有损自己的面子。尤其是分享需要其他成员的协助获得利益的优惠券更是一种侵扰。优惠券从一定程度上也揭示了分享者的消费观念和经济地位，关乎面子问题。因此用户对经济结果的预期和感知的面子风险都可能使用户感知分享优惠券会对自我形象造成负面影响，从而影响与其他成员的社交关系。一般来说，由情感支持建立的社交关系更为牢固，用户更倾向于维护和增强这种社交关系，因此用户在社交平台上会更加谨慎地对待和其他成员的情感连接，分享优惠券时更在乎的是维护自我形象，而不是利用社交资源获得经济利益。因而情感支持对经济结果预期和感知的面子风险没有显著的影响。

5.6.3 用户认知对优惠券分享意图的影响

对微博用户样本而言，与社交成员相关的结果预期对分享意图有显著的正向影响，说明用户会出于帮助其他成员获利或和其他成员达成互惠关系分享优惠券。经济结果预期对分享意图的影响不显著。可能原因如下：首先，微博用户的社交关系主要建立在共同的兴趣爱好之上，使用目的主要是传播和获取各类实事、热门信息以及与共同兴趣爱好相关的信息。其次，微博以"媒体属性"为主，在微博上分享的信息容易被大众传播和公开讨论。以获取经济利益为预期目的的分享可能会给用户制造麻烦,尤其是当分享的优惠券不被认同或在其他社交成员兑现过程中出现问题时,用户可能会遭受舆论压力。最后,很多商家设置的优惠券分享活动都需要分享者达到规定的成功推荐任务才能获得经济奖励。由于微博用户的异质性特征,用户可能对完成任务的信心不足,对经济结果预期偏向于悲观的结果,从而不能促进用户的优惠券分享意图。社交结果预期对分享意图的影响也不显著。可能原因是微博用户之间的关系质量相对较弱,社交主要偏向于单向的信息传播扩散,而非社交关系的维系和增强,因此用户通过分享优惠券促进社交的目的也较弱。

对微信用户而言,经济结果预期、社交结果预期和与社交成员相关的结果预期均显著地正向影响分享意图。微信用户的社交联系人多为亲人、朋友、同学和同事等,微信用户之间的关系主要建立在强关系社交的基础之上。相对于微博用户来说,微信用户分享的信息和日常生活联系更加紧密,用户之间的社交性、互动性和对信息私密性的控制更强,因而微信用户可能出于对经济利益的期望、对促进社交的期望和对帮助其他成员获利的期望分享优惠券。

另外,对于两类样本用户,与社交成员相关的期望对分享意图的影响都是最大的。这表明用户分享优惠券的主要目的是帮助他人获得优惠,建立互惠关系。因此商家在激励用户分享优惠券时应着重提升用户对利他和互惠的预期。

感知的面子风险对两类样本用户来说都显著地负向影响优惠券分享意愿。这个研究结果表明无论是在微博平台还是微信平台,用户都很在意分享优惠券给自己带来的面子风险。对比来看,在微博平台上感知的面子风险对分享意图的影响比在微信平台上的影响更大,说明用户在微博平台分享优惠券时更在意是否会丢面子或显得没面子。

5.6.4　控制变量对分享意图的影响

在微博用户和微信用户样本中,社交媒体的信息分享经历对分享意图的影响均不显著,说明移动社交媒体用户的优惠券分享意图和用户平时是否分享信息以及分享信息的频率无关。对微博用户而言,性别和收入对分享意愿有显著的正向影响,其他控制变量的影响均不显著。这说明在微博用户中,女性和高收入群体更愿意分享优惠券。对微信用户而言，与人口统计特征相关的变量对分享意愿的影响则都不显著。主要原因可能是微信用户对分享和接收优惠券的现象更为常见，分享优惠券的行为在微信用户群体中普及率较高，因此微信用户对此类分享不存在人群差异的影响。

5.6.5　不同移动社交媒体平台的影响

通过T检验比较微博用户与微信用户样本数据计算所得的路径系数表明自变量对相应因变量的影响都存在显著差异。这说明不同移动社交媒体平台的社会支持环境对用户分享优惠券的结果预期和感知风险的影响不同。同时，在不同移动社交媒体平台上促进用户分享优惠券的结果预期和阻碍用户分享优惠券的面子风险感知也不同。因而商家在不同的社交媒体平台激励用户分享优惠券时应采取针对性的差异化策略和措施。

5.7　本 章 小 结

本章从移动社交媒体平台的社会支持环境因素出发，研究了在微博和微信两个社交型移动社交媒体平台，用户分享移动优惠券的关键影响因素及影响机理，并对两个样本用户的实证分析结果进行了对比分析。研究表明这两类平台用户分享移动优惠券的影响因素及影响机制存在显著差异。其中，微博用户的优惠券分享意图主要受情感支持、与社交成员相关的结果预期和感知面子风险的影响，而与社交成员相关的结果预期受信息支持和情感支持的影响，感知的面子风险主要受信息支持的影响。微信用户的分享意图主要受信息支持、经济结果预期、社交结果预期、与社交成员相关的结果预期和感知面子风险的影响。其中信息支持又显著地影响经济结果预期、社交结果预期、与社交成员相关的结果预期和感知的面子风险，而情感支持只显著地影响与社交成员相关的结果预期和感知的面子风险。同时，在控制变量中，微博用户中的女性和高收入群体更倾向于分享优惠券。本章的研究结论无论对社交媒体时代优惠券营销的理论研究和实践都提供了重要的参考。从理论意义上来说，虽然先前少量的研究探索了用户在社交媒体分享优惠券的影响因素，但较少有研究对比分析用户在不同的移动社交媒体平台上分享优惠券的影响因素和影响机理，本章的研究是对现有优惠券营销理论研究的有益补充。从实践意义上来说，本章的研究结论为商家促进用户在不同的移动社交媒体平台分享优惠券提供了策略参考。在微博和微信平台上，商家可以识别出能够得到较多信息支持和情感支持的用户为种子用户进行优惠券传播。建立专门的优惠券专享社群，营造良好的信息支持和情感支持氛围。同时，商家需增强用户对利他或互惠的结果期望，例如，设计以利他或互惠诉求为主的优惠券供用户分享。在微信平台上，商家还可以提升用户对分享优惠券的经济结果预期和社交结果预期，例如，对微信用户的分享行为进行奖励，设计以社交互动为主的优惠券分享活动。同时，在两类平台上，商家都应尽量降低用户感知的面子风险，通过多强调优惠券分享的正面影响帮助用户克服心理上的面子障碍。鉴于微博平台上人群特征对优惠券分享意愿的影响，商家也可以多鼓励女性用户和高收入者在微博平台上分享优惠券。

| 第6章 |

激励因素对移动社交媒体用户
优惠券分享行为的影响研究

6.1 问题的提出

互联网发展至今,经历了从 PC 端到移动端,从 Web 1.0 到 Web 2.0,从信息的单向交互到双向交互,从单纯的信息交互到人与人的交互,媒介、信息交互模式、信息传播主体的改变使人们的信息获取和传播方式发生了很大的变化。尤其是移动社交媒体的兴起为人们提供了便利的信息交流平台。基于移动社交媒体,人们在信息传播过程中不仅可以充当信息的接收者,也可以成为信息的发布者、分享者和传播者。移动社交媒体平台已经被大众认可为一种重要的信息交流、沟通渠道,越来越多的信息都依赖于移动社交媒体平台进行传播和分享。同时,移动社交媒体用户量大、活跃度高、信息传播及时高效的特点也为商家提供了一个市场无限大的营销平台。基于移动社交媒体,商家可以借广大用户的转发分享进行商业信息的自然传播和扩散，从而迅速触及更多的潜在消费者。目前，社会化媒体营销已经成为商家竞相试水的一种新兴营销模式。近年来，大量的商家通过各种渠道如商家官方微博、微信公众号、优惠券购物微信/微博群等社交媒体向客户群体发放优惠券，并设立一定的激励机制鼓励用户将优惠券信息分享到自己的移动社交网络，以吸引潜在的移动社交媒体用户关注商家，参与优惠促销活动。然而，正如前面章节所述，优惠券信息既有可能给用户带来正面影响，也极有可能给用户带来负面影响。商家的激励机制能否有效地发挥作用促进移动社交媒体用户分享优惠券，其中激励因素对用户分享行为的影响机理到底如何还未可知。

从文献梳理情况来看，现有的大量文献集中探讨了企业或组织如何激励员工进行知识分享。这些文献从经济学、社会学和社会心理学的角度进行分析，得出了影响员工知识分享的激励因素主要可以分为经济、社会以及社会心理类的相关因素。从优惠券分享的实践情况来看，鉴于优惠券本身就带有经济属性，目前商家主要采用了经济激励的手段，通过提供额外的经济或物质奖励激励用户转发分享优惠券。然而，学者们关于经济利益对知识分享行为是否一定具有激励作用存在着争论。一派学者将知识视为特殊的资源类"商品"，知识分享类似于用货币交换商品一样，知识拥有者通过分享可以换取货币奖励，因此经济利益激励对知识分享有促进作用；另一派学者则认为对员工知识分享真正起促进作用的是其内在的心理激励，并且有学者通过实证研究表明经济激励对员工知识分享的正向影响并没有得到证实（谢荷锋和肖东生，2007）。移动优惠券作为一种特殊的信息，经济激励因素是否影响其用户的分享行为，其他社会激励和社会心理激励因素是否对用户的分享行为产生作用在理论上还未得到证实。另外，激励因素也可以分为外部激励和内部激励，先前的研究表明当在知识分享行为中同时存在外部激励和内部激励时，外部激励可能会影响内部激励的功效（Frey & Jegen，2001），而且在不同类型的知识分享中，外部激励与内部激励的交互影响可能不同（谢荷锋和马庆国，2008）。在优惠券分享情境下，外部激励和内部激励存在何种相互影响作用还没得到证实。因此，本章将基于优惠券的研究情境，探索经济、社会和社会心理三类激励因素对社交型移动社交媒体用户优惠券分享行为的影响机理，同时检验外部激励对内部激励的功效是否产生影响。通过该研究将为商家设计合理的激励机制，促进移动社交媒体用户更加积极地分享优惠券提供理论指导和策略参考。

6.2 研究模型和假设

6.2.1 研究模型

本章基于文献综述中知识分享的激励理论，综合考虑经济、社会和社会心理相关激励因素对移动社交媒体用户知识分享行为的影响机理。分享优惠券所获得的经济奖励为经济激励因素。在社会相关激励因素中，互惠被大量实证研究证实显著地影响知识分享行为，因此本章选取互惠作为社会激励因素。根据以往的研究，本章选取自我效能和利他作为社会心理激励因素。同时，当个体可以从优惠券获得经济利益时，在内心会产生省钱的愉悦感，使个体产生强烈的想向好友表达自己的喜悦心情的动机。因此本章也考虑将表达正面情绪作为优惠券分享的社会心理激励因素。在这些激励因素中，经济奖励和互惠为外部激励因素，自我效能、利他和表达正面情绪为内部激励因素。同时根据激励拥挤理论，本章将考虑内外部激励因素的交互作用。具体构建的理论模型如图6-1所示。

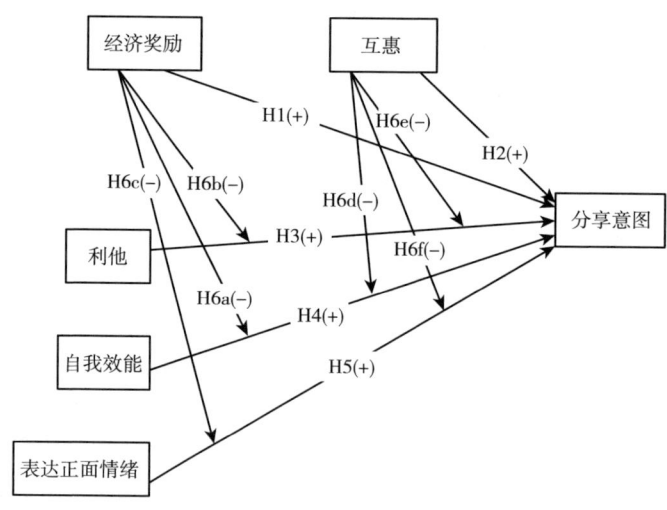

图6-1　理论研究模型

6.2.2 研究假设

6.2.2.1 外部激励因素

(1) 经济奖励。

经济奖励是指商家对移动社交媒体用户分享优惠券的经济性奖励，一般奖励形式为提供额外的货币优惠、折扣或赠品等。在知识或信息分享的文献中，虽然现有研究证实了经济奖励对分享行为的影响存在很多矛盾的结论。例如，李等（Lee et al., 2011）的研究表明经济回报对员工的信息提供意愿没有显著影响。谢荷锋和肖东生（2007）的研究证实了经济利益在一定条件下对员工知识分享行为存在显著的负向影响。但是卡韦达尔等（Kawedar et al., 2015）的研究揭示了绩效津贴类的经济奖励对员工的知识分享起到激励作用。在本章的研究情境中，由于优惠券本身带有经济属性，人们搜索和使用优惠券的主要驱动力之一就是能够享受优惠，获得一定的经济利益。因此额外的经济奖励很有可能激励用户分享优惠券。据此，提出如下假设：

H1：经济奖励正向影响移动社交媒体用户的优惠券分享意图。

(2) 互惠。

互惠是基于公平理论提出来的一种积极的社会规范。这种社会规范使获得福利的人觉得有责任和义务回报从别人那里得到的福利和帮助（Sutanto & Jiang, 2013）。因此，能够获得互惠回报会激发个体积极地提供福利或帮助他人。在本章中，互惠指移动社交媒体用户分享优惠券时，期望得到一定的回报，例如，好友也会给自己分享优惠券或者当自己需要优惠券时，好友会及时响应自己的需求。很多文献都基于不同的研究背景证实了互惠对知识分享或信息分享的正向激励作用。例如，陈星等（2017）的研究表明互惠显著地正向影响健康问答社区用户的知识分享意愿，因苏等（Insu et al., 2014）的研究证明预期互惠对 Facebook 用户的产品和服务信息分享意图有显著的正向影响；谭春晖和王一君（2020）的研究表明互惠关系显著的正向影响微信用户的朋友圈信息分享行为。据此，提出如下假设：

H2：互惠正向影响移动社交媒体用户的优惠券分享意图。

6.2.2.2 内部激励因素

(1) 利他。

利他是指个体不考虑回报或收益而帮助他人的一种善意,是个体无私助人的内在驱动力(陈星等,2017)。在网络中,个体常常出于利他的目的愿意贡献自己的知识。例如,消费者可能仅仅因为其他人需要产品的使用体验和购买经验而分享自己的购买体验(Cheung & Lee,2012)。瓦斯寇和法拉杰(Wasko & Faraj,2005)的研究表明个体贡献知识的内在动机是乐于帮助他人。学者们也发现虚拟社区成员通过知识分享帮助他人时获得了快乐和满足(Cheung & Lee,2012;Lin,2007)。张和庄(Chang & Chuang,2011)的研究表明利他显著地正向影响虚拟社区成员知识分享的质量和数量。马和陈(Ma & Chan,2014)的研究证实了利他对社交媒体用户的知识分享行为有显著的直接影响。移动社交媒体用户分享的优惠券可以帮助其他成员获得经济利益,对于认可该优惠券的成员来说是有利的信息。因此,当移动社交媒体用户的利他倾向越高时,越有可能分享优惠券。因此,提出如下假设:

H3:利他正向影响移动社交媒体用户的优惠券分享意图。

(2) 自我效能。

类似于黄等(Huang et al.,2009)对信息分享自我效能所下的定义,在本章中,自我效能是指移动社交媒体用户对自身能够给好友分享有价值的优惠券的自信程度。自我决定理论指出当个体认知到自己具备参与某项活动的能力,对顺利完成任务有足够的自信时,对参与该项活动更加积极,并能在遇到困难时想办法克服困难,迎难而上。在本章研究情境中,当用户自我效能感较高,认为自己能够给好友分享他们所需的或性价比很高的优惠券,使好友接收到优惠券也很有可能去兑现优惠券时,用户更愿意分享优惠券。大量实证研究表明了在不同的知识分享研究情境下,自我效能都能促进个体的分享行为(Chen et al.,2012;Ergün & Ümmühan,2018;Acker et al.,2014),因此,提出如下假设:

H4:自我效能正向影响移动社交媒体用户的优惠券分享意图。

(3) 表达正面情绪。

表达正面情绪是指移动社交媒体用户通过分享优惠券表达自己积极的情

感，如开心、愉悦、快乐等。根据情绪社会分享理论，当情绪事件发生后，人们自然地倾向于向他人表达自己的情感以获共情、寻求帮助和支持、社会关注等（Rimé，2009）。在口碑传播研究中，托斯顿等（Thorsten et al.，2004）的研究表明表达正面情绪是消费者发表在线评论的动机之一。在虚拟社区消费者信息共享行为研究中，李梦俊和陈华平（2010）的研究证实了表达正面情绪正向影响消费者的信息共享意愿。严等（Yan et al.，2018）研究了旅游者情绪对其电子口碑平台选择的影响，研究结果揭示了有积极情感倾向的游客倾向于在社交媒体上分享他们的经历。在本章的研究情境中，获得优惠券的移动社交媒体用户会因为优惠券带来的经济利益而产生诸如省钱的愉悦感、满足感等正面情绪，从而导致用户迫切地想通过分享优惠券来表达自己的积极情绪。因此，提出如下假设：

H5：表达正面情绪正向影响移动社交媒体用户的优惠券分享意图。

6.2.2.3 外部激励因素和内部激励因素的"拥挤效应"

在用户贡献内容的相关研究中，学者们探讨了内外部激励模式之间的交互作用，发现在不同的研究情境下得到的结论是不相统一的。有的学者发现内外部激励是彼此助长的，然而有的学者也发现两者是此消彼长的关系（潘琼，2018）。在知识分享或信息分享的相关研究中，学者们的研究表明外部激励对内部激励存在"挤出"效应，即外部激励会削弱内部激励的效果。如谢荷锋和刘超（2011）的实证研究证实了企业的外部激励会降低内部激励对员工知识分享的正向影响；维尔奈-亚维兹和莱维娜（Vilnai-Yavetz & Levina, 2016）在消费者对电子商务相关内容如产品购买和推荐的社交分享研究中发现金钱的外部激励会削弱消费者社交分享的内在动机。优惠券分享类似于知识分享行为，因此，本章推断移动社交媒体用户优惠券分享的外部激励因素对内部激励因素存在"挤出"效应，提出假设如下：

H6a：经济奖励对自我效能存在"挤出"效应。

H6b：经济奖励对利他存在"挤出"效应。

H6c：经济奖励对表达正面情绪存在"挤出"效应。

H6d：互惠对自我效能存在"挤出"效应。

H6e：互惠对利他存在"挤出"效应。

H6f：互惠对表达正面情绪存在"挤出"效应。

6.3 研究方法

6.3.1 问卷设计

本章基于现有文献中的成熟量表,并结合具体的研究情境设计了变量的测量题项。经济奖励的测量项借鉴了林(Lin,2007)的研究。互惠的测量指标来自洪等(Hung et al.,2011)的研究。自我效能的测量项借鉴了褚等(Cho et al.,2015)的研究。利他的测量指标改编自张和庄(Chang & Chuang,2011)的研究。表达正面情绪的测量项改编自托斯顿等(Thorsten et al.,2004)的研究。分享意愿的测量项来源于崔等(Choi et al.,2018)以及薛和周(Xue & Zhou,2011)的研究。所有测量项均采用李克特量表的7分法进行测量,分值取值范围为"1"(代表非常不同意)到"7"(代表非常同意)。

基于测量指标完成了初步的问卷设计之后,邀请本研究领域的教授专家对问卷内容进行了核查,并提出了修改意见。根据他们给出的建议对问卷做了调整和完善。随后又邀请50名有过移动社交媒体平台优惠券分享经历的用户对问卷进行前测,要求他们对问卷所表达的意思的清晰性和简洁性、措施的准确性和可读性等做出具体的评价。根据他们的评价对部分测量项的文字表达进行了稍微地调整之后形成了最终的正式问卷。

6.3.2 数据收集与描述性统计分析

本章采用在线问卷调查的方式收集数据。我们首先在专业的问卷调查网站——微调查发布了问卷,采用样本服务邀请在移动社交媒体分享过优惠券的用户参与调查。同时在自己的移动社交媒体如微博、微信发布了问卷链接,邀请符合条件的亲朋好友、同学、同事等参与调查。在问卷的开头设置了用户甄别题项询问参与调查者是否在社交媒体分享过优惠券,只有回答"分享过"的用户才能正式参与问卷调查,否则将直接跳转到问卷结束页面。每位成功参与的用户需根据最近一次分享优惠券的实际经历填写相关题项。成功提交问卷的参与者将获得2元奖励。为保证每位参与者不重复提交问卷，设置了每个IP地址只允许填写一次问卷。调查结束时一共收到392份问卷，删掉无效问卷之后最终得到284份有效问卷，有效问卷率为72.45%。其中男性占比41.2%，女性占58.8%。超过77.8%的参与者年龄集中在19~30岁之间。88.4%的参与者受教育程度在专科及以上。63.7%的参与者月收入在3000元以上。最近一次在微信和微博分享优惠券的用户分别为55.3%和32.0%，具体的样本人口统计特征详情见表6-1。

表6-1 样本人口统计特征（$N=284$）

变量	测度项	频数	比例（%）
性别	男	117	41.2
	女	167	58.8
年龄	18岁及以下	7	2.5
	19~24岁	118	41.5
	25~30岁	103	36.3
	31~35岁	41	14.4
	35岁以上	15	5.3
受教育程度	高中及以下	33	11.6
	专科	81	28.5
	本科	157	55.3
	硕士及以上	13	4.6
职业	学生	83	29.2
	企业职员	138	48.6
	教师	8	2.8
	政府公务员	4	1.4
	其他	51	18
月收入	1000元以下	44	15.5
	1000~3000元（含1000元）	59	20.8
	3000~5000元（含3000元）	83	29.2
	5000元及以上	98	34.5

续表

变量	测度项	频数	比例（%）
最近一次分享优惠券的社交媒体平台	QQ	10	3.5
	微博	91	32.0
	微信	157	55.3
	抖音	12	4.2
	大众点评	13	4.6
	其他	1	0.4

注：由于表中"比例"数据采用四舍五入的方式，小数位后保留一位数值，因此"比例"之和可能不等于100%。

6.4 数据分析和结果

本章采用 SmartPLS 3.0 软件对模型进行检验评估。根据模型检验的两阶段法，第一阶段先检验测量模型的信度和效度，第二阶段对结构模型进行评估。

6.4.1 测量模型的信度和效度

首先采用 SPSS 23.0 软件进行主成分分析，得到 KMO 值为 0.857，Bartlett 球度检验的显著性均为 0.000，说明样本数据可以进行因子分析。对样本数据采用最大方差法进行数据矩阵旋转，提取出了6个特征值大于1.0的因子。结果如表6-2所示，所有的因子负载在预期因子上均高于0.6，而在其他因子上均低于0.4，说明本章的量表具有较好的信度和效度。

表6-2　　　　　　　　　　最大方差旋转矩阵

测度项	变量					
	经济奖励（ECW）	互惠（REC）	利他（ALT）	自我效能（EFF）	表达正面情绪（EME）	分享意愿（SHI）
ECW1	**0.907**	0.070	0.069	-0.017	0.058	0.094
ECW2	**0.895**	0.137	0.030	0.076	-0.011	0.085

续表

测度项	变量					
	经济奖励（ECW）	互惠（REC）	利他（ALT）	自我效能（EFF）	表达正面情绪（EME）	分享意愿（SHI）
REC1	0.103	**0.742**	0.135	0.248	0.126	0.174
REC2	0.095	**0.876**	0.129	0.036	0.109	0.089
REC3	0.060	**0.821**	0.139	0.114	0.114	0.172
ALT1	0.085	0.079	**0.742**	0.249	0.165	0.295
ALT2	-0.041	0.161	**0.797**	0.230	0.169	0.168
ALT3	0.045	0.158	**0.831**	0.160	0.194	0.16
ALT4	0.073	0.101	**0.820**	0.035	0.173	0.035
EFF1	0.077	0.154	0.207	**0.763**	0.234	0.139
EFF2	-0.009	0.120	0.109	**0.773**	0.155	0.195
EFF3	0.021	0.118	0.233	**0.802**	0.177	0.217
EME1	-0.032	0.076	0.274	0.252	**0.779**	0.117
EME2	0.010	0.095	0.235	0.187	**0.852**	0.089
EME3	0.094	0.224	0.142	0.146	**0.782**	0.220
SHI1	0.076	0.149	0.138	0.248	0.167	**0.820**
SHI2	0.016	0.180	0.196	0.097	0.113	**0.849**
SHI3	0.172	0.139	0.184	0.242	0.133	**0.769**

为进一步检验信度和效度，本章计算了各变量的 Cronbach's a 值、AVE 值、CR 值和相应测度项的标准负荷，具体结果如表 6-3 所示。各指标的标准负荷都大于 0.7，所有变量的 Cronbach's a 值都在 0.8 以上，CR 均大于 0.8，AVE 均在 0.7 以上，说明量表具有较好的信度和收敛效度。

表 6-3　　　　标准负荷、Cronbach's a、CR 和 AVE 的值

变量	测量项	标准负荷	Cronbach's a	CR	AVE
经济奖励（ECW）	ECW1	0.910	0.808	0.912	0.839
	ECW2	0.922			
互惠（REC）	REC1	0.857	0.826	0.895	0.740
	REC2	0.861			
	REC3	0.862			

续表

变量	测量项	标准负荷	Cronbach's a	CR	AVE
利他（ALT）	ALT1	0.884	0.883	0.919	0.739
	ALT2	0.890			
	ALT3	0.887			
	ALT4	0.771			
自我效能（EFF）	EFF1	0.851	0.82	0.893	0.736
	EFF2	0.817			
	EFF3	0.904			
表达正面情绪（EME）	EME1	0.866	0.851	0.909	0.769
	EME2	0.890			
	EME3	0.876			
分享意愿（SHI）	SHI1	0.898	0.862	0.916	0.783
	SHI2	0.876			
	SHI3	0.881			

本章进一步将各因子 AVE 值的平方根和各因子与其余因子的相关系数做了比较，比较结果如表 6-4 所示，各因子 AVE 值的平方根均大于其与其他因子的相关系数，证明了量表有较好的区别效度。

表 6-4　　各变量 AVE 值的平方根与相应相关系数的比较

变量	ALT	ECW	EFF	EME	REC	SHI
ALT	0.86					
ECW	0.145	0.916				
EFF	0.497	0.119	0.858			
EME	0.514	0.109	0.514	0.877		
REC	0.382	0.239	0.39	0.378	0.86	
SHI	0.474	0.231	0.509	0.423	0.422	0.885

注：(1) 对角线上的数据为各因子 AVE 的平方根。(2) ALT：利他，ECW：经济奖励，EFF：自我效能，EME：表达正面情绪，REC：互惠，SHI：分享意愿。

最后，本书使用哈曼的单因素测量方法检查了共同方法偏差（CMB）问题。对样本数据做因子分析，发现可以提取出 6 个因子，总体解释方差为

77.3%，其中单个因子中最大的解释方差为38.2%，在可以接受的范围之类，说明无须顾虑样本数据的共同方法偏差问题。

6.4.2 结构模型评估

6.4.2.1 基本的研究假设检验

我们检查结构模型的多重共线性，发现结构模型中所有构念的方差膨胀因子（VIF）值均小于3，因此该结构模型不存在多重共线性问题。采用SmartPLS 3.0对结构模型进行检验，得到评估模型的路径系数和显著性如图6-2所示。

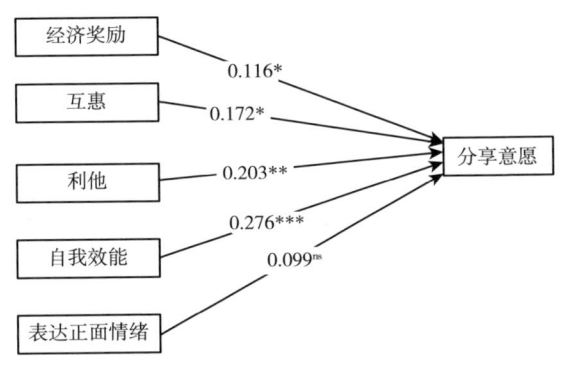

图6-2 模型主效应检验

注：* 表示 $p<0.05$，** 表示 $p<0.01$，*** 表示 $p<0.001$，ns 表示不显著。

从图6-2可知，经济奖励、互惠、利他、自我效能均均显著地正向影响分享意愿，因此研究假设H1、假设H2、假设H3和假设H4得到了支持；表达正面情绪对分享意图的正向影响不显著，研究假设H5没有得到支持。自变量对分享意愿的解释方差为37.8%。基于蒙眼程序（blindfolding procedures）计算分享意愿的 Q^2 值为0.274，表明了研究模型预测的相关性。

6.4.2.2 外部激励因素对内部激励因素"拥挤效应"检验

本书采用多层回归分析的方法检验外部激励因素对内部激励因素的"拥

挤效应"。由于上面的假设检验发现正面情绪表达对分享意愿的影响不显著，因此我们主要检查了外部激励因素对利他和自我效能的"拥挤效应"，得到的结果如表6-5所示。

表6-5　　　　　　　　经济奖励的"拥挤效应"检验

	变量	模型1	模型2
自变量	经济奖励（调节变量）	0.116*	0.108*
	互惠（调节变量）	0.172*	0.170**
	利他	0.203**	0.169**
	自我效能	0.276***	0.294***
	表达正面情绪	0.099ns	0.126*
交互项	经济奖励×利他		0.004ns
	经济奖励×自我效能		-0.144**
	互惠×利他		-0.163*
	互惠×自我效能		-0.048ns
指标	R^2	0.378	0.447
	$\triangle R^2$		0.069
	f^2		0.125
	F		34.75

注：*表示$p<0.05$，**表示$p<0.01$，***表示$p<0.001$，ns表示不显著。

从表6-5中，可以看出经济奖励对自我效能和分享意愿的影响关系具有显著的负向调节作用，但对利他和分享意愿影响关系的调节作用为正向，且不显著。互惠对利他和分享意愿的影响关系具有显著的负向调节作用，但对自我效能和分享意愿影响关系的负向调节作用不显著。因此经济奖励仅对自我效能具有"挤出效应"，互惠对利他具有"挤出效应"。因此，在调节效应假设中，只有假设H6a和假设H6e得到支持，其余假设均没有被证实。

6.5　结　果　讨　论

本章基于知识分享的基本理论实证分析了经济、社会和社会心理相关激励因素对移动社交媒体用户分享优惠券的影响机理，得出的主要结论如下：

6.5.1 内外部激励因素对用户优惠券分享意图的影响

（1）从实证结果可知，当不考虑外部激励因素对内部激励因素的交互影响时，外部激励因素——经济奖励和互惠、内部激励因素——利他和自我效能均对移动社交媒体用户的优惠券分享意图起到正向的激励作用。这些结论和知识分享相关研究得到的结论一致。

（2）令人意外的是内部激励因素——表达正面情绪对分享意图的正向影响不显著。原因可能是虽然优惠券可以给用户带来省钱的愉悦感，但是优惠券本身的经济属性使用户感觉分享优惠券会让自己看上去廉价、爱捡小便宜，影响其在社交朋友心目中的形象。因此，和口碑传播不同，用户即使因为优惠券产生了正面情绪，也倾向于将愉悦的心情隐藏在心底，而不是向朋友表达出来。值得注意的是，当考虑外部激励因素对内部激励因素激励效应的影响时，表达正面情绪对优惠券分享意图的正向影响也变得显著。这说明表达正面情绪对分享意图还是存在激励作用，只是相对于其他几个激励因素来说，激励效应比较小。

（3）从路径系数来看，相对于外部激励因素，内部激励因素对分享意图的影响更大。这说明内部激励在移动社交媒体用户优惠券激励分享中起更加主要的作用。因此相对于外在的经济奖励来说，采取一定的措施激发用户内在的分享驱动力能够产生更好的激励效应。

6.5.2 内外部激励因素的"挤出效应"

（1）研究发现经济奖励对自我效能和分享意图的关系存在负向的调节作用。即经济奖励对自我效能的激励效应存在"挤出效应"。这说明经济奖励的增加会削弱自我效能的激励效果。因此一味地强调经济奖励激励并不能达到最好的激励效果，还需考虑与内部激励的交互效果。经济奖励对利他和分享意图的关系并不存在负向的调节作用，相反地，其调节作用系数为正，但是不显著。可能原因是优惠券本身能为社交好友带来优惠福利，因此不管有无经济奖励或者经济奖励大小如何，用户分享优惠券在本质上都带有强烈的利他性质。基于认知评价理论，用户可能将经济奖励视作对其利他行为的积极反馈，因此本章的研究结果显示经济奖励对利他有"挤入效应"，但这种效应不显著。

（2）互惠对利他和分享意图的关系存在负向的调节作用。即互惠对利他的激励效应存在"挤出效应"。这说明当增强互惠时，用户原本纯粹的"利他"倾向会减弱。因此，和经济奖励类似，在加强互惠激励时要考虑其对内部激励效果的损害。互惠对自我效能和分享意图的负向调节作用不显著。可能原因是互惠只是一种基于社交的礼尚往来，并不影响个体对自我效能的感知，因此对自我效能的"挤出效应"不显著。

6.6 本章小结

本章从经济、社会和社会心理激励的视角出发，研究了激励因素对移动社交媒体用户分享行为的影响机理，并探索了内外部激励因素的交互效应。研究表明当不考虑外部激励对内部激励的交互作用时，经济奖励、互惠、利他和自我效能对优惠券分享意图起到显著的激励作用。当考虑外部激励对内部激励的交互作用时，除了以上激励因素以外，表达正面情绪也正向激励分享意图。同时，经济奖励对自我效能存在"挤出效应"，互惠对利他存在"挤出效应"。本章的研究对优惠券分享激励问题具有重要的理论意义和实践意义。从理论意义上来说，虽然先前的研究探索了移动社交媒体用户分享优惠券的影响因素，但较少有研究从激励的视角讨论激励因素对用户分享行为的影响机理以及内外部激励因素的交互效应。本章的研究为移动社交媒体用户的优惠券分享行为研究提供了新的视角。从实践意义上来说，本章的研究结论为商家如何激励用户在移动社交媒体平台分享优惠券提供了理论参考。商家可以从外部激励和内部激励着手，通过经济奖励、促进用户的互惠、利他倾向和正面情绪表达倾向、提高用户的自我效能感都可以激励用户分享优惠券。但鉴于经济奖励、互惠分别对自我效能和利他激励存在"挤出效应"，在采取这些激励方式时，不能对所有的个体采取统一的激励方式，还要考虑对不同的个体采取不同的激励方式。

| 第 7 章 |
激励因素对用户优惠券分享平台选择的影响机理研究

7.1 问题的提出

目前,微博和微信作为国内主流的移动社交媒体,是商家开展优惠券分享营销活动的重要平台。正如本书第 5 章所述,微博和微信在平台属性上有较大的区别。从第 5 章的研究结论来看,用户分享优惠券的影响因素以及同一影响因素对不同平台的用户分享意愿的影响程度都存在差异。虽然第 6 章探索了激励因素对移动社交媒体用户优惠券分享的影响机理,但是用户在不同平台上分享优惠券的激励因素是否存在差异?当分享优惠券时,激励因素如何影响用户对分享平台的选择呢?本章将在第 6 章的基础上进一步深入分析激励因素对用户在不同平台上分享优惠券的影响,从而探索激励因素对用户分享平台选择的影响机理。另外,以往的研究表明信息特征作为外在刺激会影响用户的信息分享和转发意愿(常亚平和董学兵，2014；沈璐等，2014），品牌特征因素对消费者的网络口碑行为有重要影响（孙敏等，2020）。优惠券的信息特征因素和品牌特征因素属于环境激励因素，本章将进一步分析此类环境激励因素对移动社交媒体用户分享意愿的影响。

7.2 研究模型的构建和假设

7.2.1 研究模型的构建

首先，基于第 6 章的研究，本章的研究模型也将考虑经济奖励、互惠、利他和自我效能激励因素对两个不同平台分享意愿的影响。虽然第 6 章在不考虑外部激励对内部激励的"挤出效应"时，表达正面情绪对用户分享意愿的正向影响不显著，但是在具体的微博和微信平台上表达正面情绪对用户分享意愿的影响如何还不明确，因此本章还是将表达正面情绪纳入模型做进一步的分析。其次，鉴于前人的研究，本章提取了优惠券信息的 2 个特征因素——内容的吸引力、信息的可靠性和优惠券涉及的品牌特征因素——品牌知名度作为环境激励因素，并考虑这 3 个因素对分享意愿的影响。最终构建的理论模型如图 7-1 所示。

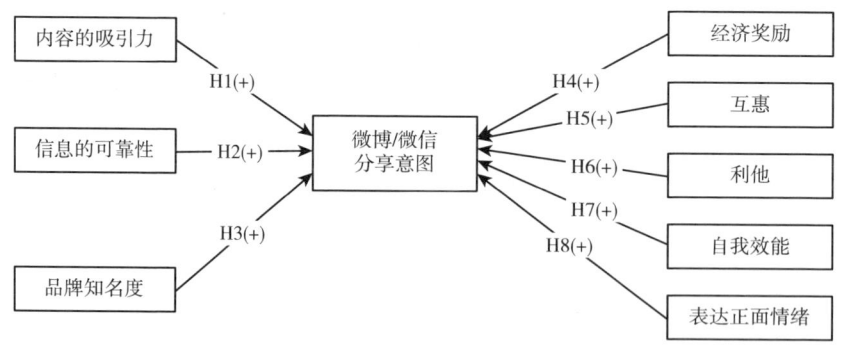

图 7-1 理论研究模型

7.2.2 研究假设

7.2.2.1 优惠券的信息特征因素

（1）内容的吸引力。

内容的吸引力是指优惠券信息在内容设计上是否具有吸引力，能够使用户产生兴趣。当优惠券信息具有一定的吸引力时，更容易被优惠券接收者认可和接受。内容的吸引力反映了优惠券的信息质量。以往的研究表明信息质量显著影响微信朋友圈用户的分享意愿（谭春辉和王一君，2020）。厉钟灵（2011）的研究发现用户感知的信息质量对微博用户转发意愿有积极的影响。陈献勇和骆梦柯（2020）在对社会化媒体分享意愿的研究中发现内容质量对分享意愿有正向影响。因此提出如下假设：

H1：内容的吸引力正向影响用户在微博/微信分享优惠券的意愿。

（2）信息的可靠性。

信息的可靠性是指用户对优惠券信息的真实性和可信任程度的主观评价。在社交网络中，用户的信息来源广泛、复杂，且缺乏一定的信息筛选机制，由此产生很多虚假信息。因此，可靠性对于社交媒体平台上的信息质量评价来说非常重要。当用户确认获取的优惠券信息是真实可信时，才更可能分享给自己的社交好友。相反地，如果用户觉得无法判断信息的真实性或认定信息不可靠时，会倾向于不分享该信息，以避免传播虚假信息给自己带来麻烦。研究表明人们更容易传播所获取的真实信息（Bansal & Voyer，2000）。因此，提出如下假设：

H2：信息的可靠性正向影响用户在微博/微信分享优惠券的意愿。

7.2.2.2 优惠券涉及的品牌特征因素——品牌知名度

品牌知名度是指用户对优惠券涉及的产品或服务品牌在社会中的传播度或知名度的评估（Filieri et al.，2019）。品牌的知名度越高，表明其产品或服务受到越多人的关注和认可。根据信号传递理论，购买该品牌的人越多，用户越相信该品牌的产品或服务质量有保障。另外，品牌的知名度越高，代表了其在社会中越受到认可，从而使购买该品牌的人更有面子。因此，用户更倾向于分享该品牌的优惠券。耐胜强等（2019）的研究表明消费者更愿意传播高端品牌的口碑。由此，提出如下假设：

H3：品牌知名度正向影响用户在微博/微信分享优惠券的意愿。

7.2.2.3 外部激励因素和内部激励因素

微博和微信都属于移动社交媒体平台，因此根据第 6 章的理论分析，提出如下假设：

H4：经济奖励正向影响用户在微博/微信分享优惠券的意愿。

H5：互惠正向影响用户在微博/微信分享优惠券的意愿。

H6：利他正向影响用户在微博/微信分享优惠券的意愿。

H7：自我效能正向影响用户在微博/微信分享优惠券的意愿。

H8：表达正面情绪正向影响用户在微博/微信分享优惠券的意愿。

7.3 研究方法

7.3.1 问卷设计

本章基于现有文献中的成熟量表，并结合具体的研究情境设计了变量的测量题项。优惠幅度的测量项改编自阿沙迪尼亚（Achadinha，2014）的研究。内容吸引力的测量项借鉴了黄和洛特（Huang & Lot，2012）的研究。信息可靠性的测量项借鉴了罗等（Luo et al.，2013）的研究。品牌知名度的测量项来自费列里等（Filieri et al.，2019）的研究。经济奖励、互惠、利他、自我效能和表达正面情绪的测量项借鉴来源同第 6 章所述。所有测量项均采用李克特量表的 7 分法进行测量，分值取值范围为"1"（代表非常不同意）到"7"（代表非常同意）。初步的问卷设计完成之后，向本专业的专家学者咨询了修改建议，进一步完善了问卷。随后又邀请 60 名同时使用过微博和微信的用户对问卷进行前测，根据这些用户在问卷可读性和可理解性方面提出的建议做了稍微的修改形成最终问卷。

7.3.2 数据收集与描述性统计分析

本章通过专业的问卷调查网站发布在线问卷收集数据,并邀请同时使用微博和微信的用户参与问卷调查。在问卷开头设置了被试者筛选题项,要求同时使用微博和微信,并且最近三个月内选择在微博或微信分享过优惠券的用户才能参与调查。为防止答卷者重复参与调查,设置了每个 IP 地址只允许填写一次问卷。为筛除无效问卷,在系统中设置了答题前后矛盾的逻辑筛选规则以及答题时间太短的筛选规则,同时采用人工审核的方式筛掉了所有问题答案几乎雷同的问卷。最终得到有效问卷 501 份,其中最近一次选择在微博分享优惠券的用户问卷数为 257 份,选择在微信分享优惠券的用户问卷数为 244 份。选择在微博分享优惠券的样本中,男性和女性所占比例分别为 49.0% 和 51.0%;72.0% 的用户年龄集中在 19~30 岁之间;70.0% 的用户受教育程度在本科及以上;71.2% 的用户月收入在 3000 元以上。选择在微信分享优惠券的样本中,男性和女性所占比例分别为 49.2% 和 50.8%;81.1% 的用户年龄集中在 19~30 岁之间;61.2% 的参与者受教育程度在本科及以上;月收入在 3000 元以上的参与者占 61.5%。具体的样本人口特征统计详情见表 7-1。

表 7-1 样本人口特征统计（$N=501$）

变量	测度项	选择在微博分享优惠券的用户（$N=257$）		选择在微信分享优惠券的用户（$N=244$）	
		频数	比例（%）	频数	比例（%）
性别	男	126	49.0	120	49.2
	女	131	51.0	124	50.8
年龄	18 岁及以下	7	2.7	3	1.2
	19~24 岁	92	35.8	112	45.9
	25~30 岁	93	36.2	86	35.2
	31~35 岁	42	16.3	30	12.3
	35 岁以上	23	9.0	13	5.3
受教育程度	高中及以下	17	6.6	24	9.8
	专科	60	23.3	73	29.9
	本科	170	66.1	133	54.5
	硕士及以上	10	3.9	14	5.7

续表

变量	测度项	选择在微博分享优惠券的用户（$N=257$）		选择在微信分享优惠券的用户（$N=244$）	
		频数	比例（%）	频数	比例（%）
职业	学生	64	24.9	80	32.8
	企业职员	141	54.9	95	38.9
	教师	11	4.3	13	5.3
	政府公务员	10	3.9	2	0.8
	其他	31	12.1	54	22.1
月收入	1000元以下	33	12.8	32	13.1
	1000~3000元（含1000元）	41	16.0	62	25.4
	3000~5000元（含3000元）	68	26.5	63	25.8
	5000元及以上	115	44.7	87	35.7

注：由于表中"比例"数据采用四舍五入的方式，小数位后保留一位数值，因此"比例"之和可能不等于100%。

本章也统计了用户选择在微博和微信转发分享的优惠券的奖励制度情况。目前商家的奖励制度除了经济奖励以外，还包括奖励对象（奖励分享者、奖励接收者以及同时奖励分享者和接收者以及其他）、是否需要完成一定的任务（如成功分享给一定数量的好友、积得一定数量的朋友点赞或评论等）以及奖励任务的难度。本章对用户在微博和微信所转发的优惠券的奖励制度特征分别统计如图7-2所示。

7.3.2.1 奖励对象

从图7-2可以看出，无论是在微博平台还是在微信平台，用户选择转发的优惠券同时奖励分享者和接收者所占的比例最多，达到70%以上，其次是奖励分享者，奖励接收者的比例很少。这说明大部分用户希望分享的优惠券应同时奖励自己和接收优惠券的社交好友。

7.3.2.2 是否需要完成奖励任务

从图7-3可以看出，无论是在微博还是在微信平台，用户选择转发的优惠券绝大部分都需要完成一定的任务才能获得奖励。这说明完成一定的奖励

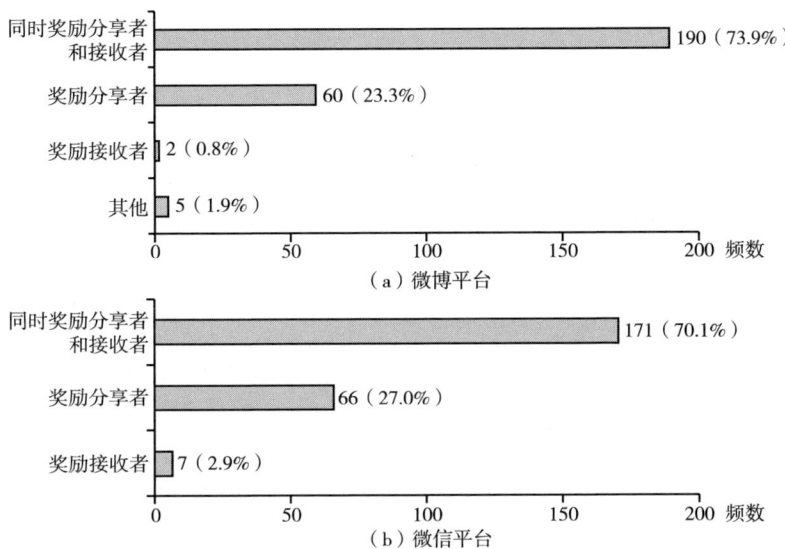

图 7-2 微博平台和微信平台转发优惠券的奖励对象类型统计

任务对用户分享优惠券没有太大的影响。从转发的优惠券需要完成奖励任务所占的比例来看，微信平台上所占的比例高于微博平台。

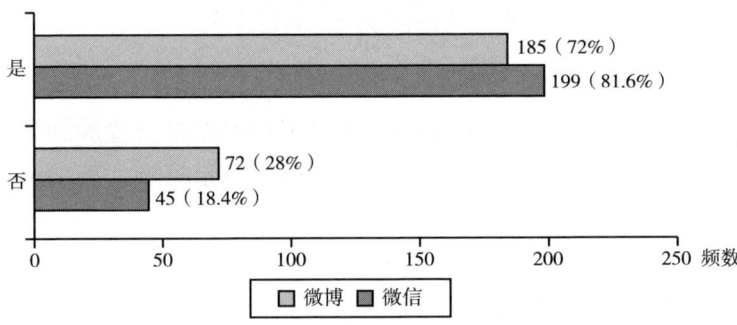

图 7-3 两类平台转发的优惠券是否需要完成奖励任务统计

7.3.2.3 奖励任务的难易程度

由图 7-3 可知，最近一次选择在微博转发优惠券的用户中，185 位需要完成奖励任务；最近一次选择在微信转发优惠券的用户中，199 位需要完成奖励任务。对微博和微信两类平台上需要完成的奖励任务的难易程度进行统计，如图 7-4 所示。

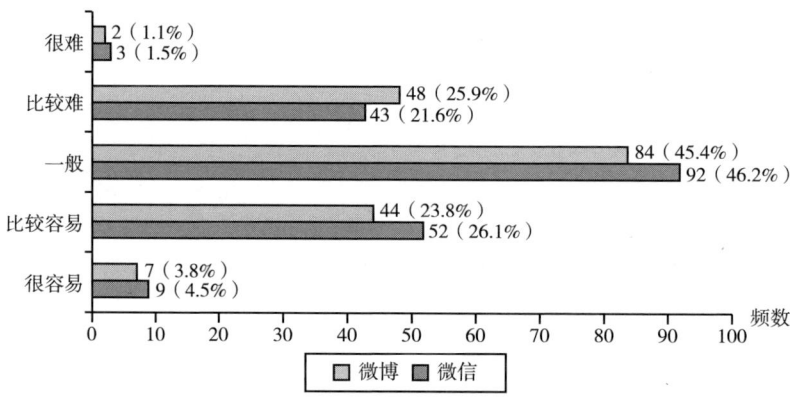

图 7-4 两类平台转发的优惠券的奖励任务难易程度统计

从图 7-4 中可以看出在微博和微信转发的优惠券中，奖励任务的难度在一般、比较容易和很容易的总体比例分别为 73% 和 76.8%。这说明绝大部分用户偏向于选择难度不太大的优惠券进行分享转发。

7.4 数据分析和结果

本章采用结构方程模型 SmartPLS 3.0 对理论模型进行检验和评估。根据结构方程模型评估的二阶段法，第一阶段先检验测量模型，第二阶段对结构模型进行评估。

7.4.1 测量模型评估

采用 SPSS 23.0 软件进行主成分分析，得到选择在微博和微信分享优惠券的用户样本数据的 Kaiser-Meyer-Olkin 的值分别为 0.894 和 0.850，Bartlett 球度检验的显著性均为 0.000，说明两个样本数据都可以进行因子分析。采用最大方差法对两个样本数据进行矩阵旋转，分别提取出了 9 个特征值大于 1.0 的因子，结果如表 7-2 所示。两个样本数据的测量项在预期因子上的负载值都大于 0.6，在其他因子上的负载值都小于 0.4，说明量表具有较好的信度和效度。

表7-2 在微博和微信平台分享优惠券的用户样本数据的最大方差旋转矩阵

	微博平台									微信平台							
测度项	利他 (ALT)	表达正面情绪 (EME)	自我效能 (EFF)	平台分享意愿 (PSI)	信息的可靠性 (INR)	互惠 (REC)	经济奖励 (ECW)	内容的吸引力 (COA)	品牌知名度 (BPR)	利他 (ALT)	表达正面情绪 (EME)	自我效能 (EFF)	平台分享意愿 (PSI)	信息的可靠性 (INR)	互惠 (REC)	经济奖励 (ECW)	内容的吸引力 (COA)	品牌知名度 (BPR)
ALT1	**0.740**	0.127	0.117	0.221	0.027	0.319	-0.005	0.206	0.152	**0.781**	0.099	0.035	0.283	0.077	0.264	-0.021	0.053	0.110
ALT2	**0.781**	0.120	0.142	0.179	0.091	0.251	0.097	0.115	0.131	**0.780**	-0.003	0.038	0.322	0.086	0.136	0.042	0.064	0.028
ALT3	**0.776**	0.291	0.211	0.159	0.176	0.105	0.147	0.083	0.044	**0.721**	0.342	0.236	-0.075	0.039	0.108	0.120	0.138	-0.013
ALT4	**0.737**	0.344	0.226	-0.021	0.109	-0.018	0.099	0.169	0.051	**0.715**	0.317	0.295	-0.150	0.041	0.067	0.069	0.063	-0.004
EME1	0.155	**0.861**	0.148	0.121	0.045	0.138	0.017	0.141	0.106	0.220	**0.847**	0.099	0.113	0.118	0.030	0.074	0.164	-0.009
EME2	0.242	**0.864**	0.144	0.076	0.036	0.165	0.013	0.079	0.002	0.114	**0.890**	0.150	0.070	0.076	0.117	0.054	0.080	0.045
EME3	0.225	**0.848**	0.137	0.131	0.083	0.091	0.053	0.139	0.051	0.160	**0.810**	0.159	0.219	0.128	0.118	0.062	0.070	0.079
EFF1	0.208	0.191	**0.727**	0.298	0.098	0.137	0.103	0.170	0.062	0.244	0.135	**0.812**	0.118	0.136	0.160	0.084	0.102	0.136
EFF2	0.220	0.157	**0.793**	0.107	0.137	0.127	0.024	0.232	0.084	0.105	0.167	**0.863**	0.140	0.141	0.136	0.032	0.168	0.146
EFF3	0.172	0.158	**0.809**	0.040	0.086	0.226	0.133	0.158	0.074	0.116	0.155	**0.849**	0.161	0.053	0.167	0.064	0.168	0.152
PSI1	0.224	0.190	0.169	**0.803**	0.164	0.205	0.112	0.108	0.132	0.189	0.224	0.233	**0.769**	0.124	0.085	0.161	0.229	0.101
PSI2	0.197	0.159	0.198	**0.803**	0.199	0.154	0.092	0.188	0.127	0.179	0.263	0.252	**0.760**	0.153	0.152	0.149	0.190	0.101
INR1	0.151	0.038	0.096	0.163	**0.836**	0.164	0.115	0.210	0.183	0.048	0.158	0.104	0.067	**0.862**	0.173	0.055	0.111	0.156
INR2	0.067	0.068	0.141	0.137	**0.850**	0.160	0.116	0.187	0.196	0.121	0.058	0.073	0.028	**0.904**	0.084	0.097	0.131	0.189

续表

测度项	微博平台 ALT	EME	EFF	PSI	INR	REC	ECW	COA	BPR	微信平台 ALT	EME	EFF	PSI	INR	REC	ECW	COA	BPR
INR3	0.101	0.070	0.068	0.063	**0.861**	0.107	0.128	0.100	0.261	0.034	0.105	0.125	0.145	**0.863**	0.105	0.117	0.170	0.135
REC1	0.180	0.098	0.130	0.256	0.043	**0.770**	0.113	0.093	0.167	0.109	0.110	0.125	0.022	0.128	**0.834**	0.053	0.047	0.057
REC2	0.124	0.175	0.180	0.049	0.219	**0.791**	0.052	0.161	0.130	0.143	0.070	0.123	0.066	0.150	**0.854**	0.093	0.104	0.114
REC3	0.234	0.175	0.186	0.083	0.227	**0.740**	0.158	0.176	0.114	0.187	0.071	0.151	0.115	0.058	**0.811**	0.064	0.103	0.134
ECW1	0.139	0.056	0.127	0.074	0.229	0.128	**0.816**	0.169	0.258	0.055	0.056	0.068	0.130	0.160	0.102	**0.878**	0.129	0.147
ECW2	0.103	0.022	0.092	0.109	0.112	0.129	**0.878**	0.186	0.161	0.077	0.110	0.072	0.083	0.074	0.087	**0.897**	0.144	0.113
COA1	0.061	0.160	0.174	0.054	−0.009	0.072	0.059	**0.815**	0.077	0.155	0.144	0.185	0.118	0.036	0.046	0.096	**0.609**	0.280
COA2	0.190	0.107	0.113	0.078	0.278	0.090	0.105	**0.713**	0.084	0.115	0.094	0.123	0.052	0.136	0.062	0.098	**0.804**	0.008
COA3	0.087	0.066	0.173	0.010	0.095	0.157	0.080	**0.821**	0.080	0.051	0.064	0.063	0.064	0.097	0.013	0.076	**0.722**	0.200
COA4	0.140	0.055	0.047	0.186	0.194	0.084	0.159	**0.681**	0.112	−0.030	0.043	0.066	0.111	0.119	0.143	0.052	**0.785**	0.067
BPR1	0.111	−0.043	0.141	0.007	0.197	0.130	0.139	0.129	**0.808**	0.074	−0.016	0.184	0.035	0.143	0.065	0.096	0.170	**0.794**
BPR2	0.085	0.061	−0.024	0.178	0.185	0.072	0.154	0.060	**0.832**	0.020	−0.025	0.191	0.145	0.138	0.124	0.030	0.133	**0.832**
BPR3	0.074	0.136	0.078	0.058	0.188	0.150	0.100	0.124	**0.793**	−0.007	0.145	0.002	−0.010	0.187	0.123	0.160	0.155	**0.787**

采用 SmartPLS 3.0 计算各变量的 Cronbach's a 值、AVE 值、CR 值和相应测量项的标准负荷，两个样本数据的具体结果如表 7-3 所示。两个样本中各测量项的标准负荷均在 0.7 以上。除了在微信分享优惠券的用户样本中的内容吸引力的 Cronbach's a 值为 0.785 以外，两个样本中其他变量的 Cronbach's a 值均大于 0.8。两个样本中各变量的 CR 均大于 0.8，AVE 均大于 0.6。以上指标值说明量表具有较好的信度和收敛效度。

表 7-3　　标准负荷、Cronbach's a、CR 和 AVE 的值

变量	测量项	在微博分享优惠券的用户				在微信分享优惠券的用户			
		标准负荷	Cronbach's a	CR	AVE	标准负荷	Cronbach's a	CR	AVE
内容的吸引力（COA）	COA 1	0.805	0.836	0.89	0.669	0.773	0.785	0.861	0.608
	COA 2	0.826				0.828			
	COA 3	0.838				0.747			
	COA 4	0.801				0.768			
信息的可靠性（INR）	INR 1	0.944	0.928	0.954	0.874	0.917	0.925	0.952	0.869
	INR 2	0.944				0.942			
	INR 3	0.917				0.938			
品牌知名度（BPR）	BPR 1	0.855	0.841	0.904	0.758	0.860	0.827	0.896	0.743
	BPR 2	0.893				0.902			
	BPR 3	0.864				0.822			
经济奖励（ECW）	ECW 1	0.945	0.863	0.936	0.88	0.941	0.862	0.935	0.878
	ECW 2	0.931				0.934			
互惠（REC）	REC 1	0.868	0.852	0.91	0.772	0.828	0.862	0.915	0.782
	REC 2	0.873				0.916			
	REC 3	0.895				0.907			
利他（ALT）	ALT 1	0.869	0.888	0.922	0.747	0.860	0.833	0.888	0.665
	ALT 2	0.879				0.818			
	ALT 3	0.899				0.817			
	ALT 4	0.808				0.764			
自我效能（EFF）	EFF 1	0.896	0.862	0.915	0.782	0.914	0.923	0.951	0.867
	EFF 2	0.885				0.946			
	EFF 3	0.871				0.934			

续表

变量	测量项	在微博分享优惠券的用户				在微信分享优惠券的用户			
		标准负荷	Cronbach's a	CR	AVE	标准负荷	Cronbach's a	CR	AVE
表达正面情绪（*EME*）	*EME* 1	0.925	0.915	0.946	0.855	0.911	0.900	0.937	0.832
	EME 2	0.923				0.914			
	EME 3	0.926				0.913			
平台分享意愿（*PSI*）	*PSI* 1	0.943	0.875	0.941	0.889	0.950	0.896	0.951	0.906
	PSI 2	0.943				0.954			

为了评估量表的区分效度，我们对比了各因子 AVE 值的平方根和该因子与其他因子的相关系数，结果如表 7-4 所示。从表中可以看出，各因子 AVE 值的平方根均大于其与其他因子的相关系数，说明量表有较好的区别效度。

表7-4　各变量 AVE 值的平方根与相应相关系数的比较

变量		COA	INR	BPR	ECW	REC	ALT	EFF	EME	PSI
COA	微博用户	**0.818**								
	微信用户	**0.780**								
INR	微博用户	0.445	**0.935**							
	微信用户	0.353	**0.932**							
BPR	微博用户	0.33	0.501	**0.871**						
	微信用户	0.404	0.405	**0.862**						
ECW	微博用户	0.413	0.434	0.458	**0.938**					
	微信用户	0.327	0.303	0.312	**0.937**					
REC	微博用户	0.417	0.452	0.401	0.399	**0.878**				
	微信用户	0.274	0.327	0.309	0.253	**0.884**				
ALT	微博用户	0.428	0.366	0.324	0.357	0.535	**0.865**			
	微信用户	0.283	0.243	0.175	0.219	0.411	**0.815**			
EFF	微博用户	0.468	0.367	0.279	0.351	0.506	0.553	**0.884**		
	微信用户	0.396	0.332	0.38	0.25	0.397	0.433	**0.931**		
EME	微博用户	0.336	0.236	0.207	0.196	0.411	0.541	0.457	**0.925**	
	微信用户	0.309	0.304	0.17	0.244	0.275	0.459	0.412	**0.912**	
PSI	微博用户	0.404	0.443	0.363	0.362	0.509	0.532	0.512	0.416	**0.943**
	微信用户	0.436	0.365	0.316	0.363	0.356	0.454	0.503	0.475	**0.952**

注：（1）对角线上的数据为各因子 AVE 的平方根。（2）*COA*：内容的吸引力，*INR*：信息的可靠性，*BPR*：品牌知名度，*ECW*：经济奖励，*REC*：互惠，*ALT*：利他，*EFF*：自我效能，*EME*：表达正面情绪，*PSI*：平台分享意愿。

最后，本章采用哈曼的单因素测量方法检查研究中是否存在共同方法偏差（CMB）问题。对所有测量项做探索性非旋转因子分析，结果发现两个样本数据均提取出 9 个因子。其中，选择在微博分享的用户样本数据的解释方差为 80.6%，选择在微信分享的用户样本数据解释方差为 75.5%。两个样本数据中单个因子最大的解释方差均低于 50%，说明本章研究不需要关注共同方法偏差问题。

7.4.2 结构模型评估

采用 SmartPLS 3.0 检验结构模型，评估模型的路径系数、显著性及因变量的方差解释率，模型评估结果如图 7-5 所示。

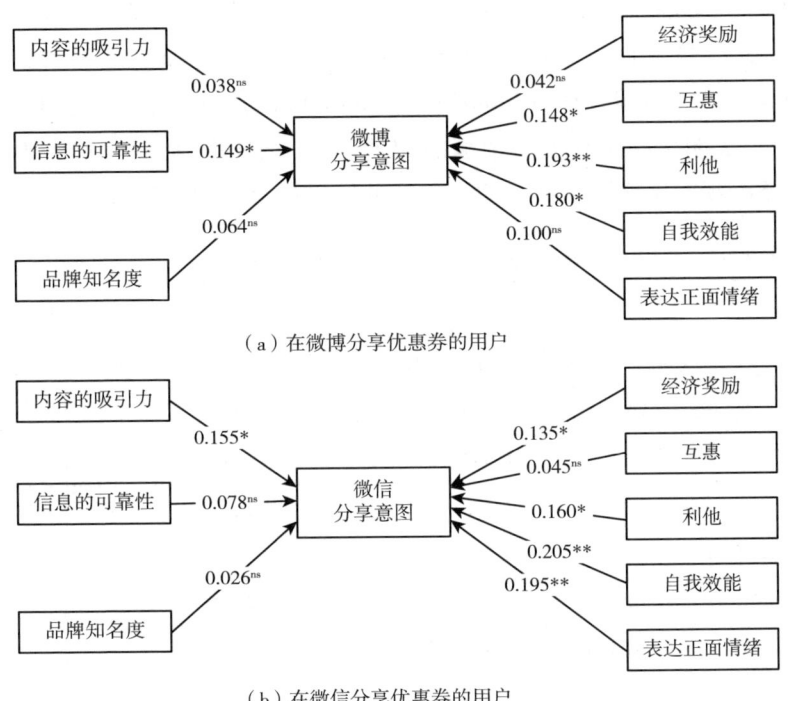

图 7-5 微博和微信用户模型评估结果

注：* 表示 p<0.05，** 表示 p<0.01，*** 表示 p<0.001，ns 表示不显著。

从图 7-5（a）可知，对选择在微博分享优惠券的用户样本数据来说，信息的可靠性、互惠、利他和自我效能显著地正向影响用户在微博分享优惠券的意图，支持研究假设 H2、假设 H4、假设 H5 和假设 H6。根据数据分析结果，内容的吸引力、品牌知名度、经济奖励和表达正面情绪对分享意愿的正向影响不显著，因此研究假设 H1、假设 H3、假设 H7 和假设 H8 未得到支持。微博平台分享意愿被激励因素解释的方差为 43.1%。基于蒙眼程序（blindfolding procedures）计算的平台分享意愿的 Q^2 值为 0.345，表明该研究模型预测的相关性。

从图 7-5（b）可知，对选择在微信分享优惠券的用户样本数据来说，内容的吸引力、经济奖励、利他、自我效能和表达正面情绪均显著地正向影响分享意图，支持研究假设 H1、假设 H4、假设 H6、假设 H7 和假设 H8；信息的可靠性、品牌知名度和互惠对分享意图的正向影响不显著，因此研究假设 H2、假设 H3 和假设 H5 没有得到支持。微信平台分享意愿被解释的方差为 43.8%。基于蒙眼程序（blindfolding procedures）计算的分享意愿的 Q^2 值为 0.353，表明了该研究模型预测的相关性。两个样本数据计算所得到的具体的路径系数、显著性 T 值和假设支持的结果如表 7-5 所示。

表 7-5 　　假设检验的路径系数、T 值和结果

假设	路径	在微博分享优惠券的用户			在微信分享优惠券的用户		
		路径系数	T 值	假设支持结果	路径系数	T 值	假设支持结果
H1	COA→PSI	0.038^{ns}	0.584	不支持	0.155^{*}	2.054	支持
H2	INR→PSI	0.149^{*}	1.993	支持	0.078^{ns}	1.272	不支持
H3	BPR→PSI	0.064^{ns}	1.175	不支持	0.026^{ns}	0.438	不支持
H4	ECW→PSI	0.042^{ns}	0.610	不支持	0.135^{*}	2.258	支持
H5	REC→PSI	0.148^{*}	2.009	支持	0.045^{ns}	0.671	不支持
H6	ALT→PSI	0.193^{**}	2.686	支持	0.160^{*}	2.143	支持
H7	EFF→PSI	0.180^{*}	2.283	支持	0.205^{**}	2.592	支持
H8	EME→PSI	0.100^{ns}	1.208	不支持	0.195^{**}	2.989	支持

注：（1）＊表示 $p<0.05$，＊＊表示 $p<0.01$，＊＊＊表示 $p<0.001$，ns 表示不显著。（2）COA：内容的吸引力，INR：信息的可靠性，BPR：品牌知名度，ECW：经济奖励，REC：互惠，ALT：利他，EFF：自我效能，EME：表达正面情绪，PSI：平台分享意愿。

7.5 结果讨论

本章在第6章的基础上，探索了经济激励——经济奖励、社会激励——互惠、社会心理激励——利他、自我效能和表达正面情绪以及环境激励因素——优惠券内容的吸引力、信息的可靠性和品牌知名度对移动社交媒体用户选择在微博或微信上分享优惠券的影响，得出的主要结论如下：

7.5.1 在微博平台对用户优惠券分享意图有显著影响的激励因素

实证研究结论表明社会激励因素——互惠、社会心理激励——利他和自我效能以及环境激励因素——优惠券信息的可靠性显著地影响移动社交媒体用户的优惠券分享意图。这些结论和知识分享以及信息分享的相关研究结论一致。

7.5.2 在微信平台对用户优惠券分享意图有显著影响的激励因素

从实证研究结果来看，对用户在微信平台分享优惠券有显著影响的激励因素包括经济激励——经济奖励、社会心理激励——利他、自我效能和表达正面情绪以及环境激励因素——优惠券内容的吸引力。这些结论也和知识分享和信息分享的相关结论一致。

7.5.3 激励因素对用户在微博和微信平台分享优惠券的影响异同分析

实证研究结论表明本研究中的四类激励因素对用户在微博和微信平台分享优惠券的影响既有相同点也存在一些差异，下面做出具体的分析。

7.5.3.1 相同点

（1）品牌知名度对用户在微博和微信分享优惠券的意愿均没有显著的影

响。可能原因是相比于传统的实体环境，移动社交媒体环境为新兴品牌提供了更加便利的品牌和营销推广渠道，因此很多新兴品牌为了吸引新客户都推出了优惠券分享奖励的传播活动。大量的新兴品牌分享奖励活动一方面逐渐培养了用户在移动社交媒体分享优惠券的习惯，另一方面也使用户不再关注品牌的知名度。

（2）利他和自我效能对用户在微博和微信的优惠券分享意愿均有显著的影响。这说明用户不管是在微博还是微信分享优惠券都倾向于为社交好友提供福利，同时用户对自身是否具备分享高性价比的优惠券的能力评估对分享意愿有重要影响。

7.5.3.2 影响差异

（1）对于除了品牌知名度以外的另外两个环境刺激因素，优惠券内容的吸引力对用户在微信的优惠券分享意愿有显著的正向影响，但是对用户在微博的优惠券分享意愿的影响不显著。可能原因是相对于微博来说，用户与微信社交好友的互动性更强，关系更紧密，用户对互动的内容质量要求更高。因此如果优惠券的内容有吸引力将促进用户在微信平台的分享行为。对于微博平台来说，用户的互动主要是分享和获取各类资讯信息，对于优惠券这类实用型的信息在内容吸引力上的要求并不高，因此内容吸引力不足以促进用户在微博平台的分享行为。

（2）相反地，优惠券信息的可靠性对用户在微博的优惠券分享意愿有显著的正向影响，但是对用户在微信的优惠券分享意愿的影响不显著。存在这种差异的可能原因首先如前面所述，微博平台主要是各类信息的获取和分享平台，用户在微博平台的互动多为一对多的互动，具有一定的公开性，而且信息传播范围更广，影响力更大。因此用户在微博平台分享的信息是否真实可靠很重要。如果用户分享的信息有误或者为虚假信息，将会造成很大的不利影响。因此优惠券信息的可靠性有助于促进用户在微博的分享行为。从第5章和第6章的调查结果来看，绝大部分用户都在微信平台上分享过优惠券。随着微信已经成为商家开展社会化媒体营销分享的主要阵地，用户对在微信上分享优惠促销信息逐渐习以为常。虽然可能有少量虚假优惠信息，但总体上来说，绝大部分优惠信息都是真实可靠的。另外，微信具有较强的"关系型"社交属性，社交成员之间的信任度很高，彼此对平台内好友传播的信息的真实性也具有很高的信任度。因此随之带来的结果是用户对优惠券信息进行习惯性地转发,而不太关注信息是否可靠。

(3) 虽然在调查中发现绝大部分用户分享的优惠券都同时奖励了分享者和接收者,但是实证研究发现经济奖励仅对用户在微信的优惠券分享意愿有显著的正向影响,而对用户在微博的优惠券分享意愿的正向影响不显著。可能原因如第5章所述,用户在微博上分享的信息受到更多大众的监督,以获得奖励为目的的分享带有更大的风险,因此相对于其他激励因素来说,经济奖励对用户在微博分享优惠券的激励作用相对较弱,达不到显著影响程度。

(4) 互惠对用户在微博的优惠券分享意愿有显著的正向影响,但是对用户在微信的优惠券分享意愿的影响不显著。这可能是由用户在两个平台上的不同关系属性造成的。在微信平台上,用户之间的关系更紧密,彼此的熟悉度更高;而微博用户之间的关系相对松散,大多数用户相互之间不太熟悉。研究表明,人们对于与熟人的交往表现出更多的纯粹性利他倾向,而对与陌生人的交往则更加倾向于建立在平等的社会交换基础之上。因此,互惠对用户在微信上分享优惠券的激励作用不显著,而对在微博上分享优惠券的激励作用显著。

(5) 表达正面情绪对用户在微信的优惠券分享意愿有显著的正向影响,但是对用户在微博的优惠券分享意愿的影响不显著。虽然优惠券分享可以向社交好友表达获得优惠的愉悦心情,但是优惠券的经济属性可能使优惠券分享对分享者的自我形象造成一定的负面影响。从第5章的研究结论来看,感知的面子风险对微博用户分享意愿的负向影响比对微信用户分享意愿的负面影响更大。同时,研究表明人们在熟人面前感知的社交风险更小,因此本章研究得到这种结论是合理的。

7.6 本章小结

本章在第6章的基础上结合环境激励因素进一步研究了各类激励因素对用户在微博和微信分享优惠券的影响作用。研究表明用户在两个平台的优惠券分享意愿受到一些相同激励因素的促进作用,同时也受到不同激励因素的影响。其中,用户在微博和微信的分享意愿均显著地受到利他和自我效能的正向影响，而品牌知名度对用户在两个平台的分享意愿的影响均不显著。另外，用户在微博的分享意愿还显著地受到互惠和优惠券信息的可靠性的正向影响；用户在微信的分享意愿还受到经济奖励、表达正面情绪和优惠券内容的吸引力的正向影响。从理论意义上来说，本章的研究是在第 6 章研究的基础上进行的进一步深入和拓展，同时也为移动社交媒体用户优惠券分享行为研究提出了新的研究视角。本章的研究结论可为商家理解移动社交媒体用户优惠券分享平台的选择行为机理，在微博和微信平台上采取相应的激励措施鼓励用户分享优惠券提供一定的理论参考和指导。商家可以通过提供信息的可靠性证明、增进用户与微博好友的互惠、增强用户的利他和在微博分享优惠券的自我效能，以此激励用户分享优惠券到微博平台。同时，商家通过增强优惠券内容的吸引力、增进用户对微信好友的利他和在微信分享优惠券的自我效能，促进用户向微信好友表达正面情绪，从而激励用户分享优惠券到微信平台。

第 8 章
移动社交媒体用户优惠券分享的激励机制与策略

虽然以往大量的研究提出了个体知识分享的激励机制,但是这些激励理论和方法主要是基于有明显边界的企业或组织所提出来的。在分享环境方面,和传统组织相比,移动社交媒体不论从成员数量、成员之间的关系、成员互动方式还是组织结构方面都要复杂得多。在分享对象方面,优惠券本身自带的经济属性也使其与知识存在一定的差别。因此传统企业或组织激励员工进行知识分享的激励机制不一定适用于本书的研究环境。在移动社交媒体环境下需要提出一套适合社交媒体平台用户优惠券分享的激励机制。本书第 3 章从用户兑现体验的视角探讨了用户的优惠券分享行为机理。第 4 章基于商务型移动社交媒体研究了用户的优惠券分享行为机理。鉴于国内两大社交型移动社交媒体——微博和微信在我国发展的迅猛趋势以及商家基于这两大社交媒体开展了大量的优惠券分享活动,第 5 章对比分析了这两大移动社交媒体用户的优惠券分享行为机理。第 6 章分析了激励因素对移动社交媒体用户优惠券分享行为的影响机理。第 7 章分析了激励因素对用户优惠券分享平台选择的影响机理。在这几章的研究中，我们通过实证研究得到了不同类型的移动社交媒体环境下用户分享优惠券的关键影响因素以及激励因素。本章将在这些研究结论的基础上，系统地提出针对移动社交媒体用户优惠券分享行为的激励机制以及相应的激励策略。首先，本章提出了移动社交媒体用户优惠券分享的基本激励机制与策略。其次，根据移动社交媒体的不同类型，本章分别针对商务型和社交型移动社交媒体提出了更加具体的促进用户分享优惠券的激励机制和策略。

8.1 移动社交媒体用户优惠券分享的基本激励机制与策略

本节主要根据第 3 章和第 6 章的研究结论提出移动社交媒体用户优惠券分享的基本激励机制和策略。从第 3 章的研究结论可知，感知的平等性、感知的经济利益和感知的优惠券系统质量均通过感知的优惠券价值、兑现满意或流体验显著地正向影响用户的转发推荐意愿。第 6 章的研究结论表明经济奖励、互惠、利他和自我效能对移动社交媒体用户的分享意愿起到激励作用。同时，经济奖励作为外部激励对自我效能的激励效应起到"挤出效应"，互惠作为外部激励对利他的激励效应起到"挤出效应"。另外，当考虑外部激励因素和内部激励因素之间的交互作用时，表达正面情绪对分享意愿也起到正向的激励作用。基于这些研究结论，提出如下激励机制和策略：

8.1.1 商户服务的平等保障激励机制

保证兑现优惠券的用户享有平等的服务和产品。具体激励策略为：为兑现优惠券的用户提供和正价消费的顾客相同的服务环境，特别强调优惠券兑换的产品和服务具有绝对的品质保障。服务人员和收银人员礼貌、耐心地为用户提供服务，满足其服务需求。这些都有利于使用户感知到更高的平等性，从而增加用户的感知优惠券价值、流体验和兑现满意，促进移动优惠券的转发推荐。

8.1.2 优惠券经济利益激励机制

通过优惠券内容设计和发放方式的多样化提高用户对经济利益的感知。具体激励策略如在移动端提供额外的优惠；比如，优惠券价值框架效应的相关研究表明，优惠券不同的折扣方式（如金额折扣或比例折扣）对优惠券价值的评估有显著影响（张喆等，2011）。因此，充分利用优惠券信息呈现的框架效应对不同价格水平的产品或服务设计不同的优惠形式可以使用户感知到不同的降价幅度。另外，服务提供商和商家还可以设置阶梯性优惠券，根据用户的优惠券使用次数或消费金额的大小推送不同折扣程度的优惠券，使老用户感知到更大的优惠力度。最后，在发放方式上不定期推出限时抢购、免单等大幅优惠活动可以使用户从不同的活动中感知到更多的经济利益。

8.1.3 移动优惠券系统质量改进激励机制

通过完善移动优惠券系统质量提升用户体验价值。移动终端的屏幕大小有限，输入和查看页面操作不如电脑方便，因此提供清晰明了的页面布局、简单有效的导航功能、可靠稳定的系统服务和简洁易用的操作流程来增加用户的优惠券价值感知和流体验显得尤为重要。另外，通过提供个性化的服务也可以提升用户对系统质量的感知。比如系统可以结合基于地理位置的服务，根据消费者的消费偏好和使用场景实时推送符合消费场景的个性化优惠券信息；通过追踪用户的系统使用习惯和优惠券搜索习惯为每一位用户画像，并为其提供个性化的系统功能设置和服务；对于相同的消费需求，根据不同用户的画像展现不同的优惠券信息。当用户通过优惠券系统能够更加精准、方便地搜索、获取和使用移动优惠券时，自然会感知到较高的系统质量，从而改善用户体验。

8.1.4 经济奖励的甄别激励机制

提供适当的经济奖励可以促进用户分享优惠券，但是需要注意到经济激励对自我效能的"挤出效应"。过高的经济激励会降低自我效能的激励效果。

研究结论表明内部激励在优惠券分享激励中起到主要作用。因此甄别出自我效能较高的用户，对这些用户不施行奖励，采用进一步增强其自我效能的措施能更好地激励其分享优惠券。

8.1.5 促进互惠奖励的甄别激励机制

在分享者和被分享者之间设计互惠奖励制度可以促进用户分享优惠券。具体激励措施为根据分享者和接收者之间的优惠券分享次数设置相应的奖励。比如分享者分享优惠券之后，当被接收者反过来分享优惠券时可以获得额外的奖励，两者每增加一次相互分享都可以得到奖励。

设立优惠券分享提醒制度，当用户收到优惠券后提醒用户之前收到过哪些用户分享的优惠券，提醒用户是否也要把自己的优惠券分享给之前的分享者。另外，鉴于互惠对利他激励的"挤出效应"，商家需要甄别出利他倾向较高的用户，对这部分用户不施行互惠奖励制度。

8.1.6 提高利他倾向激励机制

设立接收者信息反馈制度。增加系统的信息反馈功能，如果接收者使用了优惠券，可以将该信息反馈给分享者，告知分享者自己的分享效果，同时还可以提醒接收者向分享者表达福利分享的感谢之情，比如通过系统设置"一键感谢""点赞感谢"等功能。

增加利他甄别激励制度。甄别出利他倾向较高的用户，对这部分客户给予精神上的鼓励，比如根据用户分享优惠券的次数和效果对用户给予积分奖励，再根据积分对用户划分等级，授予"福利大使""爱心天使"等名誉称号。

8.1.7 增加自我效能激励机制

（1）设立积极的信息反馈制度。对于分享促销效果较好的优惠券，通过系统告知分享者自己分享的优惠券被使用和再次转发的情况，以增强分享者的自我效能。

（2）设立语言激励制度。当用户分享优惠券后，通过类似"您的优惠券已经分享成功，您的分享将使每位接收者享有××优惠的机会"之类的语言表达对分享者能力的肯定，进而增强分享者的自我效能。

8.1.8 匿名情感表达激励机制

当不考虑内外部因素的交互作用时，表达正面情绪的分享激励作用不显著，可能是分享者有面子风险顾虑，因此可以设置通过匿名分享表达正面情绪的制度，以降低分享者感知的面子风险。

8.2 基于商务型移动社交媒体的用户优惠券分享的激励机制与策略

第4章的研究表明经济利益、对网页的社会存在感、对他人存在的感知、评级和在线评论的信息性和生动性通过感知的优惠券价值或产品情境涉入正向影响分享意愿。根据这些结论提出商务型移动社交媒体用户优惠券分享的激励机制和策略如下：

8.2.1 优惠券经济利益激励机制

该激励机制和第8.1.2节相同，可以通过优惠券内容设计和发放方式的多样化提高用户感知的经济利益。

8.2.2 社交媒体系统优化激励机制

通过系统优化增强系统网页的社会存在感，使网页内容传达强烈的人际交往以及友好和温暖的感觉。例如，服务提供商可以为消费者提供丰富的表情、个性化的化身和各种图片/动画，以表达他们的感受和情感。商家可以向消费者发放个性化优惠券，表达对消费者的特别关注。在线助理也可以添加到商家的网页中以便及时回应消费者。

8.2.3　多元化的信息反馈激励机制

通过多元化的信息反馈制度提升消费者对他人存在的感知。如服务提供商可以提供诸如优惠券被浏览或兑换的实时时间以及总体使用情况信息。除了提供基于位置的优惠券外，服务提供商还可以基于这项服务提供参考信息，例如消费者在指定区域兑换、浏览或分享了哪些热门优惠券的信息。这些信息可以帮助消费者了解哪些优惠券和产品吸引了其他消费者。商家可以发起一些与优惠券相关的话题，鼓励已兑换优惠券的消费者参与讨论，并实时回答潜在消费者的问题。商家还可以组织一些在线活动，比如制作"优惠券心愿单"，鼓励消费者投票并被其他消费者感知。

8.2.4　评级和在线评论信息展示和质量监控激励机制

（1）建立高质量信息生成和展示制度。商家和服务提供商可以鼓励消费者发布和贡献有价值的消费体验以满足潜在消费者的需求。同时，服务提供商可以开发有价值的功能来促进高质量信息的展示和交流。另外，为避免信息过载，服务提供商可以向优惠券访问者提供个性化的在线评论信息。例如，被潜在消费者关注或与潜在消费者有类似消费偏好的消费者评论信息应显示在潜在消费者在线评论访问页面的最前面。

（2）建立信息质量监控和奖励制度。建立信息质量评价指标体系，对在线评论信息质量进行评级，对于高质量的在线评论信息给予积分、经验值或经济方面的奖励。

8.2.5　多媒体内容生成激励机制

服务提供商可以为消费者提供富媒体编辑工具，以便消费者提供多样化和个性化的在线评论。随着在线信息交换逐渐以视频信息为主，服务提供商和商家可以鼓励消费者上传带有短文本的清晰视频。

8.3 基于社交型移动社交媒体的用户优惠券分享的激励机制与策略

第 5 章和第 7 章的研究表明作为国内主流的社交型移动社交媒体，微博和微信用户的优惠券分享行为机理存在一些相似点，也存在很多不同点。例如，第 5 章的研究发现微博和微信用户的优惠券分享行为都受到与社交成员相关的结果预期的正向影响和感知面子风险的负向影响。同时，在社会支持环境方面，情感支持正向影响微博用户的分享行为，信息支持又对微博用户与社交成员相关的结果预期和感知的面子风险产生影响。除了与社交成员相关的结果预期和感知的面子风险以外，微信用户的优惠券分享行为还受到信息支持、经济结果预期、社交结果预期的正向影响。同时，情感支持又正向影响微信用户的社交结果预期和与社交成员相关的结果预期。第 7 章的研究则发现利他和自我效能激励显著地影响用户选择在微博和微信平台分享优惠券。此外，互惠和优惠券信息的可靠性也对用户选择在微博平台分享优惠券有显著的激励效果；经济奖励、表达正面情绪和优惠券内容的吸引力对用户选择在微信平台分享优惠券具有显著的激励效果。

基于以上结论，对于用户在微博和微信分享优惠券的共同激励机制包括第 8.1 节中所述的匿名分享激励机制、提高利他倾向激励机制、增加自我效能激励机制。同时还需建立促进用户之间的信息支持和情感支持的激励机制。此外，对于激励用户在微博分享优惠券来说，还应特别加强互惠激励以及优惠券信息可靠性证明的激励。例如，通过在优惠券上给出明确的商家联系方式或优惠券信息最初的传播源头都可以增强用户感知的信息可靠性。对于激励用户在微信分享优惠券来说，还需要增加第 8.1 节中所述的经济奖励甄别激励机制和优惠券内容吸引力的激励。例如，服务提供商充分利用移动应用平台的富媒体技术优势，开发有趣的优惠券内容设计功能使商家能够灵活地设计出内容更加丰富多彩的优惠券可以增加内容的吸引力。另外，除了图文类优惠券以外，还可以设计音频、短视频、动画等形式的优惠券来增加内容吸引力，以提升移动社交媒体用户的分享乐趣。

| 附 录 |

问卷调查中的量表测量

一、用户兑现体验对移动优惠券转发推荐意愿的影响研究

请根据您最近一次通过移动优惠券 APP 兑现优惠券的经历，选择和您的实际情况最符合的项，在相应的选项下打"√"。

变量	题项内容	非常不赞同	不赞同	有些不赞同	中立	有些赞同	赞同	非常赞同
感知系统质量	移动优惠券系统可以快速响应我的请求							
	移动优惠券系统操作很容易							
	移动优惠券系统提供的服务是可靠的							
	移动优惠券系统提供了有效的导航功能							
感知经济利益	该优惠券的优惠幅度大							
	该优惠券帮我省了很多钱							
	该优惠券很划算							
感知优惠券价值	我认为这张移动优惠券性价比很高							
	我认为这张移动优惠券值得兑现							
	我认为这张移动优惠券是有价值的							

续表

变量	题项内容	非常不赞同	不赞同	有些不赞同	中立	有些赞同	赞同	非常赞同
感知的平等性	我受到了商家的无礼对待							
	商家对待我和其他消费者的态度是同等礼貌的							
	商家为我提供的服务和为其他消费者提供的服务相差不大							
	商家为我和其他消费者提供的产品的质量是一样的							
	商家用耐烦的态度对待我							
流体验	在兑现移动优惠券的整个过程中，我非常投入							
	我感觉兑现移动优惠券的整个操作过程都在自己的掌控之中							
	兑现移动优惠券时我感到很愉快							
兑现满意	兑现这张移动优惠券是明智的							
	这次的兑现经历让我觉得高兴							
	总体来说，我对这次移动优惠券的兑现经历很满意							
转发推荐意愿	我愿意将该优惠券转发推荐给朋友							
	如果有人向我咨询类似的优惠信息，我会将该优惠券转发推荐给他							
	我很有可能将该优惠券转发推荐给朋友							

二、基于商务型移动社交媒体的用户优惠券分享决策研究

请根据您最近一次在大众点评 APP 浏览和评估某商家优惠券的经历和感受（如果您已经忘记了当时的感受，请打开该商家页面再次评估）选择最符合您实际情况的项，在相应的选项下打"√"。

变量	题项内容	非常不赞同	不赞同	有些不赞同	中立	有些赞同	赞同	非常赞同
感知经济利益	该优惠券的优惠幅度大							
	该优惠券帮我省了很多钱							
	该优惠券很划算							
对网页的社会存在感	在该商家的网页中，有种与人打交道的感觉							
	在该商家的网页中，有种人性化的感觉							
	在该商家的网页中，有种社交的感觉							
	在该商家的网页中，有种温暖的感觉							
	在该商家的网页中，我感觉到了关怀体恤							
对商家的社会存在感	通过大众点评与商家互动可以使我了解商家的态度							
	通过大众点评与商家互动可以使我想象到商家的样子							
	通过大众点评与商家互动，有种人性化的感觉							
	通过大众点评与商家互动，有种温暖的感觉							
对他人的感知	许多消费者推荐了该优惠券涉及的产品或服务							
	许多消费者点评分享了该优惠券涉及的产品或服务的相关信息							
	许多消费者使用了该优惠券							
评级和评论的信息性	其他消费者的打分和点评提供了涉及产品或服务的有用信息							
	其他消费者的点评提供了很多我需要的详细信息（如商家热门程度、商家服务态度和速度、产品或服务环境的图片等）							
	其他消费者的点评为我提供了做优惠券兑现决策的有用信息							

续表

变量	题项内容	非常不赞同	不赞同	有些不赞同	中立	有些赞同	赞同	非常赞同
评论的生动性	其他消费者在对该商家的点评中上传了生动的图片或视频							
	其他消费者对产品或服务的描述逼真生动							
	其他消费者对该商家的点评信息在视觉上有吸引力							
感知价值	我认为该优惠券对我来说是有好处的							
	我认为该优惠券是有价值的							
	我认为该优惠券对我是有利的							
产品情境涉入	我对优惠券所涉及的产品感兴趣							
	优惠券所涉及的产品对我有吸引力							
	优惠券所涉及的产品与我相关							
	优惠券所涉及的产品对我来说是重要的							
分享意愿	我愿意将该优惠券分享给其他人							
	如果有人想找类似的优惠券，我愿意将该优惠券分享给他							
	我很有可能将该优惠券分享给我的朋友和熟人							
品牌偏好	我认为这个品牌优于其他竞争品牌							
	我更喜欢这个品牌							
	在考虑购买产品（或服务）时，我会首先考虑这个品牌							
	我不会用其他品牌代替这个品牌							

三、基于社交型移动社交媒体的用户优惠券分享行为研究

请根据您使用微博/微信的经历选择最符合您实际情况的项，在相应的选项下打"√"。

变量	题项内容	非常不赞同	不赞同	有些不赞同	中立	有些赞同	赞同	非常赞同
信息支持	我遇到问题时，一些微博成员（微信好友）会提供信息来帮助我解决问题							
	一些微博成员（微信好友）会在我需要帮助的时候提供建议							
	我遇到困难时，一些微博成员（微信好友）会帮我找原因并给我建议							
情感支持	我遇到困难时，一些微博成员（微信好友）跟我站在同一边							
	我遇到困难时，一些微博成员（微信好友）会安慰和鼓励我							
	我遇到困难时，一些微博成员（微信好友）愿意聆听我的感受							
	我遇到困难时，一些微博成员（微信好友）会给予我关心							
经济结果预期	我希望在微博（微信）上分享优惠券能获得金钱类奖励							
	我希望在微博（微信）分享优惠券能获得额外的经济利益							
社交结果预期	分享优惠券将增进我和微博成员（微信好友）的关系							
	分享优惠券将增加我和微博成员（微信好友）交流的话题							
	分享优惠券可以表达我对微博成员（微信好友）的关心，使我与有共同兴趣的成员建立更加良好的关系							
	分享优惠券将增加我和微博成员（微信好友）的互动							

续表

变量	题项内容	非常不赞同	不赞同	有些不赞同	中立	有些赞同	赞同	非常赞同
与社交成员相关的结果预期	分享优惠券可以帮助微博成员（微信好友）获得优惠							
	可以为微博成员（微信好友）提供享受优惠的机会							
	可以使微博成员（微信好友）获得经济利益							
	可以促进微博成员（微信好友）也将自己的优惠券分享出来							
	可以促进微博成员（微信好友）今后也分享优惠券给我							
感知的面子风险	我担心微博成员（微信好友）不认可我分享的优惠券							
	我担心在微博/微信上分享优惠券会使好友对我产生一些不好的看法（如认为我帮商家打广告、想获利等）							
	我担心分享的优惠券因兑现出现问题而影响我的形象							
分享意愿	我愿意将合适的优惠券分享给微博成员（微信好友）							
	如果有微博成员（微信好友）想找优惠券，我愿意将合适的优惠券分享给他							
	我很有可能将合适的优惠券分享给微博成员（微信好友）							
信息分享经历	我经常更新我的微博/朋友圈							
	我会花一些时间更新我的微博/朋友圈							
	我经常同微博成员（微信好友）分享信息							

四、激励因素对移动社交媒体用户优惠券分享行为的影响研究

请根据您最近一次在移动社交媒体分享优惠券的经历和感受选择最符合您实际情况的项,在相应的选项下打"√"。

变量	题项内容	非常不赞同	不赞同	有些不赞同	中立	有些赞同	赞同	非常赞同
经济激励	分享该优惠券能获得经济奖励							
	分享该优惠券可以获得额外的优惠							
互惠	我相信我帮助移动社交好友获得了该优惠券,好友今后也会分享优惠券给我							
	当我分享该优惠券给移动社交好友时,我期望今后当我需要的时候,好友们也会回应我							
	当我分享该优惠券给移动社交好友时,我相信在我需要的时候,好友们也会为我提供优惠券							
利他	我很乐意帮助移动社交好友获得该优惠券							
	我喜欢帮助移动社交好友获得享受优惠的机会							
	帮助移动社交好友获得优惠让我感觉愉悦							
	帮助移动社交好友获得该优惠券让我有成就感							
正面情绪表达	我分享该优惠券是想和好友分享获得优惠的愉悦心情							
	我分享该优惠券是想表达满意、愉快的体验							
	分享该优惠券可以表达我享受到优惠的开心							
优惠券分享的自我效能	我相信我能为移动社交好友推荐有性价比的优惠券							
	我对为移动社交好友分享有价值的优惠券很有自信							
	我有能力为移动社交好友分享有用的优惠券							

续表

变量	题项内容	非常不赞同	不赞同	有些不赞同	中立	有些赞同	赞同	非常赞同
分享意愿	我愿意将合适的优惠券分享给移动社交好友							
	如果有移动社交好友想找优惠券，我愿意将合适的优惠券分享给他（她）							
	我很有可能将合适的优惠券分享给我的移动社交好友							

五、激励因素对用户优惠券分享平台选择的影响机理研究

请根据您最近一次选择在微博/微信分享优惠券的实际情况回答以下问题，在相应的选项下打"√"。

变量	题项内容	非常不赞同	不赞同	有些不赞同	中立	有些赞同	赞同	非常赞同
内容的吸引力	该优惠券的内容很有趣							
	该优惠券提供了有用的信息							
	该优惠券信息表达生动							
	该优惠券信息引起了我的兴趣							
信息的可靠性	该优惠券信息是可相信的							
	该优惠券信息是可靠的							
	该优惠券信息是真实的							
品牌知名度	该优惠券涉及的品牌名气很大							
	该优惠券涉及的品牌有很多用户群体							
	我的朋友都认可该优惠券涉及的品牌							

续表

变量	题项内容	非常不赞同	不赞同	有些不赞同	中立	有些赞同	赞同	非常赞同
经济激励	分享该优惠券能获得经济奖励							
	分享该优惠券可以获得额外的优惠							
互惠	我相信我帮助微博成员（微信好友）获得了该优惠券，微博成员（微信好友）今后也会分享优惠券							
	当我分享该优惠券给微博成员（微信好友）时，我期望今后当我需要的时候，微博成员（微信好友）们也会回应我							
	当我分享该优惠券给微博成员（微信好友）时，我相信在我需要的时候，微博成员（微信好友）们也会为我提供优惠券							
利他	我很乐意帮助微博成员（微信好友）获得该优惠券							
	我喜欢帮助微博成员（微信好友）获得享受优惠的机会							
	帮助微博成员（微信好友）获得优惠让我感觉愉悦							
	帮助微博成员（微信好友）获得该优惠券让我有成就感							
正面情绪表达	我分享该优惠券是想和微博成员（微信好友）分享获得优惠的愉悦心情							
	我分享该优惠券是想表达满意、愉快的体验							
	分享该优惠券可以表达我享受到优惠的开心							
优惠券分享的自我效能	我相信我能为微博成员（微信好友）推荐有性价比的优惠券							
	我对为微博成员（微信好友）分享有价值的优惠券很有自信							
	我有能力为微博成员（微信好友）分享有用的优惠券							
平台分享意愿	我愿意在微博/微信分享此类优惠券							
	我会继续在微博/微信平台分享此类优惠券							

参考文献

[1] 常亚平,董学兵.虚拟社区消费信息内容特性对信息分享行为的影响研究[J].情报杂志,2014,33(1):201-207.

[2] 陈威,邵璐.微博和微信对个体形象塑造的异同[J].西部广播电视,2017,10:36-37.

[3] 陈献勇,骆梦柯.社会化媒体分享意愿的指标构建与实证研究:以抖音用户转发行为为例[J].情报探索,2020,12:50-57.

[4] 陈星,张星,曾淑云,胡慕海.健康问答社区中知识分享意愿的影响因素研究[J].现代情报,2017,37(4):62-71.

[5] 段菲菲,翟姗姗,池毛毛,韩高钘,张纯.手机游戏用户粘性影响机制研究:整合Flow理论和TAM理论[J].图书情报工作,2017,61(3):21-28.

[6] 关涛,沈涵.工作场所排斥如何降低员工的知识分享意愿?[J].研究与发展管理,2017,29(4):81-92.

[7] 郭贝贝.基于社会网络的顾客推荐行为影响因素研究[D].黑龙江:哈尔滨工业大学,2012.

[8] 金晓玲,金可儿,汤振亚.微博转发行为实证研究综述[J].情报杂志,2015,34(10):117-122.

[9] 赖胜强,郑显涛,张旭辉.面子对社会化媒体用户网络口碑传播的影响[J].信息资源管理学报,2019,9(2):77-84.

[10] 赖胜强.影响用户微博信息转发的因素研究[J].图书馆工作与研究,

2015, 8: 31 - 37.

[11] 李梦俊, 陈华平. 虚拟社区中消费者信息共享行为影响因素的实证研究 [J]. 管理学报, 2010, 7 (10): 1490 - 1501.

[12] 李旭, 王刊良. 社交媒体用户营销信息分享行为: 受评忧虑与系统反馈视角 [J]. 管理科学, 2020, 33 (4): 82 - 97.

[13] 李玉豪, 胡立斌, 王刊良. 移动折扣券转发意愿研究 [C]. 上海: 信息系统协会中国分会第四届学术年会, 2011: 115 - 119.

[14] 厉钟灵. 微博用户转发意愿研究: 基于感知信息质量视角 [D]. 杭州: 浙江大学, 2012.

[15] 栗芸. 微信病毒式营销因子及其对消费者分享意愿的影响研究 [D]. 广州: 暨南大学, 2016.

[16] 刘丽虹, 张积家. 动机的自我决定理论及其应用 [J]. 华南师范大学学报 (社会科学版), 2010, 8 (4): 53 - 59.

[17] 刘硕. 微博用户商业信息转发意愿研究 [D]. 秦皇岛: 燕山大学, 2019.

[18] 潘琼. 内在激励和外在激励是互不相容还是相互助长?: 从激励理论的视角看用户贡献内容的前因研究 [J]. 新媒体研究, 2018, 14: 116 - 118.

[19] 秦敏, 李若男. 在线用户社区用户贡献行为形成机制研究: 在线社会支持和自我决定理论视角 [J]. 管理评论, 2020, 9 (32): 168 - 181.

[20] 沈璐, 庄贵军, 姝曼, 滕文波. SNS 中品牌帖子的信息特征对消费者口碑传播行为的影响 [J]. 软科学, 2014, 28 (11): 103 - 106.

[21] 师晓帅, 在线有偿推荐奖励计划对推荐意愿的影响: 以团购网为例 [D]. 南京: 南京财经大学, 2011.

[22] 孙会, 李丽娜. 高频次转发微博的特征及用户转发动机探析: 基于新浪微博"当日转发排行榜"的内容分析 [J]. 现代传播, 2012, 34 (6): 137 - 138.

[23] 谭春辉, 王一君. 微信朋友圈信息分享行为影响因素分析 [J]. 现代情报, 2020 (2): 84 - 95.

[24] 谢荷锋, 刘超. 基于多元理论视角下的企业员工分享的激励机制研究 [J]. 研究与发展管理, 2014, 26 (2): 38 - 48.

[25] 谢荷锋, 刘超. "拥挤"视角下的知识分享奖励制度的激励效应 [J].

科学学研究, 2011, 29 (10): 1549-1556.

[26] 谢荷锋, 马庆国. 员工知识分享行为激励中的"挤出效应"实证研究 [J]. 软科学, 2008, 11 (22): 5-9.

[27] 谢荷锋, 肖东生. 企业员工知识分享行为激励因素实证研究 [J]. 预测, 2007, 26 (1): 21-26.

[28] 新浪科技. 微博月活跃用户达5.16亿竞争壁垒依旧稳固 [EB/OL]. https://tech.sina.com.cn/i/2020-02-26/doc-iimxxstf4598954.shtml, 2020-02-26.

[29] 阎俊, 蒋音波, 常亚平. 网络口碑动机与口碑行为的关系研究 [J]. 管理评论, 2012, 23 (12): 84-91.

[30] 詹姆斯·赫克特, 厄尔·萨塞, 伦纳德·施莱辛格. 服务利润链 [M]. 牛海鹏, 等译. 北京: 华夏出版社, 2001.

[31] 站长之家. 2019微信数据报告 [EB/OL]. http://www.199it.com/archives/995970.html, 2019.

[32] 张坤. 微信朋友圈用户健康信息转发行为形成机理与概念模型的扎根研究 [J]. 图书馆杂志, 2020, 39 (6): 97-104.

[33] 张梦佳. 微信用户转发意愿研究 [D]. 天津: 天津大学, 2015.

[34] 张敏, 唐国庆, 张艳. 基于S-O-R范式的虚拟社区用户知识共享行为影响因素分析 [J]. 情报科学, 2017, 35 (11): 149-155.

[35] 张荣恺, 么明珠. 新媒体公众平台的传播机制与受众使用偏好比较: 以微博与微信为例 [J]. 西部广播电视, 2016 (12): 25-26.

[36] 张晓燕, 张淘. 来源国信息和产品类别对消费者购买意愿的影响: 基于购买风险的视角 [J]. 商业经济研究, 2016, 22: 53-55.

[37] 张雅靖. 微信平台"医疗众筹"信息的用户转发行为研究 [D]. 石家庄: 河北大学, 2019.

[38] 张喆, 房茜蓉, 韩斌. 产品优惠券价值的框架效应研究 [J]. 管理科学, 2011, 24 (1): 47-55.

[39] 赵希男, 侯楠, 刘宏涛. 企业虚拟社区价值共创环境对成员竞优行为的影响: 基于社会认知理论 [J]. 技术经济, 2018, 37 (10): 17-23.

[40] 周军杰. 虚拟社区退休人员的知识贡献: 基于社会认知理论的研究 [J]. 管理评论, 2016, 28 (2): 84-92. [41] 朱炜, 郑大庆, 王文

灿，周晗晖. 基于社会资本视角的微信和微博的对比研究：以高校人群为例 [J]. 情报杂志，2014，33（6）：138-143.

[42] Achadinha N M J, Jama L, Nel P. The drivers of consumers' intention to redeem a push mobile coupon [J]. Behaviour & Information Technology, 2014, 33 (12): 1306-1316.

[43] Acker F V, Vermeulen M, Kreijns K, et al. The role of knowledge sharing self-efficacy in sharing open educational resources [J]. Computers in Human Behavior, 2014, 39: 136-144.

[44] Ahmad A M K. Attractiveness factors influencing shoppers' satisfaction loyalty and word of mouth: An empirical investigation of Saudi Arabia shopping malls [J]. International Journal of Business Administration, 2012, 3 (6): 101-112.

[45] Ailawadi K L, Neslin S A, Gedenk K. Pursuing the value-conscious consumer: store brands versus national brand promotions [J]. Journal of marketing, 2001, 65 (1): 71-89.

[46] Ashworth L, Darke P R, Schaller M. No one wants to look cheap: Trade-offs between social disincentives and the economic and psychological incentives to redeem coupons [J]. Journal of Consumer Psychology, 2005, 15 (4): 295-306.

[47] Association M M. Introduction to Mobile Coupons [J/OL]. DOI = www.mmaglobal.com, 2007.

[48] Babin B J, Darden W R, Griffin M. Work and/or fun: Measuring hedonic and utilitarian shopping value [J]. Journal of Consumer Research, 1994, 20 (4): 644-656.

[49] Bacile T J, Goldsmith R E. A services perspective for text message coupon customization [J]. Journal of Research in Interactive Marketing, 2011, 5 (4): 244-257.

[50] Bandrua A. Self-Egfficay: The Exercise of Control [M]. Freeman New York, 1997.

[51] Bandura A. Social Foundations of Thought and Action: A Social Cognitive Theory [M]. New Jersey: Prentice-Hall Inc, 1986.

[52] Banerjee S, Yancey S. Enhancing mobile coupon redemption in fast food campaigns [J]. Journal of Research in Interactive Marketing, 2010, 4 (2): 97–110.

[53] Bansal H S, Voyer P A. Word-of-Mouth processes within a services purchase decision context [J]. Journal of Service Research, 2000, 3 (2): 166–167.

[54] Bar-Anan Y, Liberman N, Trope Y. The association between psychological distance and construal level: Evidence from an implicit association test [J]. Journal of Experimental Psychology: General, 2006, 135 (4): 609–622.

[55] Barat S, Amos C, Audhesh P, et al. An exploratory investigation into how socioeconomic attributes influence coupons redeeming intentions [J]. Journal of Retailing and Consumer Services, 2013, 20 (2): 240–247.

[56] Barat S, Paswan A K. Do higher face-value coupons cost more than they are worth in increased sales? [J]. Journal of Product & Brand Management, 2005, 14 (6): 379–386.

[57] Baron R M, Kenny D A. The moderator-mediator variable distinction in social psychological research: Conceptual strategic and statistical considerations [J]. Journal of Personality, 1986, 51 (6): 1173–1182.

[58] Bawa K, Shoemaker R W. The coupon-prone consumer: Some findings based on purchase behavior across product classes [J]. Journal of Marketing, 1987, 51 (4): 99–110.

[59] Beeck I, Toporowski W. When location and content matter: Effects of mobile messages on intention to redeem [J]. International Journal of Retail & Distribution Management, 2017, 45 (7/8): 826–843.

[60] Blackwell R D, Miniard P W, Engel J F. Consumer Behavior [M]. 9th ed. New York: Harcourt Inc, 2001.

[61] Blanco C F, Blasco M G, Azorín I I. Entertainment and informativeness as precursory factors of successful mobile advertising messages [J]. Communications of the IBIMA, 2010: 1–11.

[62] Bloch P H, Richins M L. A theoretical model for the study of product importance perceptions [J]. Journal of Marketing, 1983, 47: 69–81.

[63] Bock G W, Robert W Z, Kim Y G. Behavioral intention formation in knowl-

edge sharing: Examining the roles of extrinsic motivators social-psychological forces and organizational climate [J]. Mis Quarterly, 2005, 29 (1): 87 – 111.

[64] Brumbaugh A M, Rosa J A. Perceived discrimination cashier metaperceptions embarrassment and confidence as influencers of coupon use: An ethnoracial-socioeconomic analysis [J]. Journal of Retailing, 2009, 85 (3): 347 – 362.

[65] Carpenter J M. Consumer shopping value satisfaction and loyalty in discount retailing [J]. Journal of Retailing and Consumer Services, 2008, 15 (5): 358 – 363.

[66] Chandon P, Wansink B, Laurent G. A benefit congruency framework of sales promotion effectiveness [J]. The Journal of Marketing, 2000, 64 (4): 202 – 210.

[67] Chang H H, Chuang S S. Knowledge sharing in online health communities: A social exchange theory perspective [J]. Information & Management, 2011, 48: 9 – 18.

[68] Chang H H, Liu Y M. The impact of brand equity on brand preference and purchase intentions in the service industries [J]. The Service Industries Journal, 2009, 29 (12): 1687 – 1706.

[69] Chan H, Wan L C, Sin L Y. The contrasting effects of culture on consumer tolerance: Interpersonal face and impersonal fate [J]. Journal of Consumer Research, 2009, 36 (2): 292 – 304.

[70] Chen A, Lu Y, Wang B. Customers' purchase decision-making process in social commerce: A social learning perspective [J]. International Journal of Information Management, 2017, 37 (6): 627 – 638.

[71] Chen Ch Ch, Yao J Y. What drives impulse buying behaviors in a mobile auction? The perspective of the Stimulus-Organism-Response model [J]. Telematics and Informatics, 2018, 35 (5): 1249 – 1262.

[72] Chen S S, Chuang Y W, Chen P Y. Behavioral intention formation in knowledge sharing: Examining the roles of KMS quality KMS self-efficacy and organizational climate [J]. Knowledge-Based Systems, 2012, 31: 106 – 118.

[73] Chen X, Ma J, Wei J, et al. The role of perceived integration in WeChat

usages for seeking information and sharing comments: A social capital perspective [J]. Information & Management, 2021, 58 (1): 103280.

[74] Chervonnaya O. Customer role and skill trajectories in services [J]. International Journal of Service industry Management, 2003, 14: 347 – 363.

[75] Cheung C M K, Lee M K O. What drives consumers to spread electronic word of mouth in online consumer-opinion platforms [J]. Decision Support Systems, 2012, 53 (1): 218 – 225.

[76] Chiang C H, Lin H Y, Tu S C. Analyzing behaviors influencing use of mobile coupons from the perspective of transaction utility [J]. Social Behavior & Personality: An International Journal, 2013, 41 (3): 433 – 441.

[77] Chin W. W. The Partial Least Squares Approach for Structural Equation Modeling [M]. Modern Methods for Business Research, 1998: 295 – 336.

[78] Chiu Ch M, Hsu M H, et al. Understanding knowledge sharing in virtual communities: An integration of social capital and social cognitive theories [J]. Decision Support Systems, 2006, 42: 1872 – 1888.

[79] Choi D, Bang H, Wojdynski B W, et al. How brand disclosure timing and brand prominence influence consumer's intention to share branded entertainment content [J]. Journal of Interactive Marketing, 2018, 42: 18 – 31.

[80] Chopdar P K, Balakrishnan J. Consumers response towards mobile commerce applications: S-O-R approach [J]. International Journal of Information Management, 2020, 53: 102 – 106.

[81] Chun J W, Lee M J. Increasing individuals' involvement and WOM intention on Social Networking Sites: Content matters! [J]. Computers in Human Behavior, 2016, 60: 223 – 232.

[82] Clark R A, Goldsmith R E. Market mavens: Psychological influences [J]. Psychology & Marketing, 2005, 22 (4): 289 – 312.

[83] Coulson N S, Buchanan H, Aubeeluck A. Social support in Cyberspace: A Content analysis of communication within a huntington's disease online support group [J]. Patient Education and Counseling, 2007, 68 (2): 173 – 178.

[84] Danaher P J, Smith M S, Ranasinghe K, et al. Where when and how long: Factors that influence the redemption of mobile phone coupons [J]. Journal

of Marketing Research, 2015, 52 (5): 710 - 725.

[85] Davenport T H, Prusak L. Working Knowledge: How Organizations Manage What They Know [M]. Boston MA: Harvard Business School Press, 1998.

[86] David A, Griffith R F K, Jonathan W P. The role of interface in electronic commerce: Consumer involvement with print versus on-line catalogs [J]. International Journal of Electronic Commerce, 2001, 5 (4): 135 - 153.

[87] Dichter E. How word-of-mouth advertising works [J]. Harvard Business Review, 1966, 44 (6): 147 - 160.

[88] Dickinger A, Kleijnen M. Coupons going wireless: Determinants of consumer intentions to redeem mobile coupons [J]. Journal of Interactive Marketing, 2008, 22 (3): 23 - 39.

[89] Ding C G, Lin C-H. How does background music tempo work for online shopping? [J]. Electronic Commerce Research and Applications, 2012, 11 (3): 299 - 307.

[90] Donovan R J, Rossiter J R, Marcoolyn G, et al. Store atmosphere and purchasing behavior [J]. Journal of Retailing, 1994, 70 (3): 283 - 294.

[91] Eisingerich A B, Chun H E H, Liu Y, et al. Why recommend a brand face-to-face but not on Facebook? How word-of-mouth on online social sites differs from traditional word-of-mouth [J]. Journal of Consumer Psychology, 2015, 25 (1): 120 - 128.

[92] El-Adly M I, Eid R. An empirical study of the relationship between shopping environment customer perceived value satisfaction and loyalty in the UAE malls context [J]. Journal of Retailing and Consumer Services, 2016, 31: 217 - 227.

[93] Ergün E, Ümmühan A. Knowledge sharing self-efficacy motivation and sense of community as predictors of knowledge receiving and giving behaviors [J]. International of Educational Technology & Society, 2018, 21 (3): 60 - 73.

[94] Fang Y H, Chiu Ch M, Wang E T G. Understanding customers' satisfaction and repurchase intentions [J]. Internet Research, 2011, 21 (4): 479 - 503.

[95] Fang Y H. Does online interactivity matter? Exploring the role of interactivity

strategies in consumer decision making [J]. Computers in Human Behavior, 2012, 28 (5): 1790 – 1804.

[96] Folkes V S. Consumer reactions to product failure: An attributional approach [J]. Journal of Consumer Research, 1984, 10 (4): 398 – 409.

[97] Fortin D R, Dholakia R R. Interactivity and vividness effects on social presence and involvement with a web-based advertisement [J]. Journal of Business Research, 2005, 58: 387 – 396.

[98] Frey B, Jegen R. Motivation crowding theory [J]. Journal of economic surveys, 2001, 15 (5): 589 – 611.

[99] Gan Ch, Wang W. The influence of perceived value on purchase intention in social commerce context [J]. Internet Research, 2017, 27 (4): 772 – 785.

[100] Gasimov A, Sutanto J, Tan C H, et al. Do the means and the source matter? A study on the actual usage of digitally disseminated coupons [J]. AIS Transactions on Human-Computer Interaction, 2010, 2 (1): 1 – 15.

[101] Gefen D, Straub D W, Boudreau M C. Structural equation modeling and regression: Guidelines for research practice [J]. Communications of the Association for Information Systems Journal, 2000, 4 (7): 1 – 70.

[102] Gefen D, Straub D W. Consumer trust in B2C e-commerce and the importance of social presence: Experiments in e-products and e-services [J]. Omega, 2004, 32 (6): 407 – 424.

[103] Geok T L, Sophia N. Individual and situational factors influencing negative word-of-mouth behaviour [J]. Canadian Journal of Administrative Sciences Reve canadienne des sciences de l'admintistration, 2001, 18 (3): 163 – 178.

[104] Goffman E. On face-work: An analysis of ritual elements in social interaction [J]. Psychiatry, 1955, 18 (3): 213 – 231.

[105] Goo J, Kishore R, Rao H R, et al. The role of service level agreements in relational management of information technology outsourcing: An empirical study [J]. MIS Quarterly, 2009, 33 (1): 119 – 145.

[106] Gouldner A W. The norm of reciprocity: A preliminary statement [J]. American Sociological Review, 1960, 25: 161 – 178.

[107] Gounaris S, Dimitriadis S, Stathakopoulos V. An examination of the effects of service quality and satisfaction on customers' behavioral intentions in e-shopping [J]. Journal of Services Marketing, 2010, 24 (2): 142 –156.

[108] Gremler D D, Gwinner K P, Brown S W. Generating positive word-of-mouth communication through customer-employee relationships [J]. International Journal of Service Industry Management, 2001, 12 (1): 44 –59.

[109] Grewal D, Bart Y, Spann M, et al. Mobile advertising: A framework and research agenda [J]. Journal of Interactive Marketing, 2016, 34: 3 –14.

[110] Gruen T W, Osmonbekov T, Czaplewski A J. eWOM: The impact of customer-to-customer online know-how exchange on customer value and loyalty [J]. Journal of Business Research, 2006, 59 (4): 449 –456.

[111] Gupta S, Xu H, Zhang X. Balancing privacy concerns in the adoption of location-based services: An empirical analysis [J]. International Journal of Electronic Business, 2011, 9 (1/2): 118 –137.

[112] Ha Y, Im H. Determinants of mobile coupon service adoption: Assessment of gender difference [J]. International Journal of Retail & Distribution Management, 2014, 42 (5): 441 –459.

[113] Hair J F, Anderson R E, Tatham R L, et al. Multivariate Data Analysis [M]. New York: Pearson Prentice Hall, 1998.

[114] Hair J F, Black W C, Babin B J, Anderson R E. Multivariate Data Analysis: A Global Perspective [M]. 7th ed. Upper Saddle River: Prentice Hall, 2010.

[115] Hair J F, Hult G T M, Ringle C M, et al. A Primer on Partial Least Squares Structural Equation Modeling (PLS-SEM) [M]. 2nd ed. Sage: Thousand Oaks, 2017.

[116] Hair J F, Ringle C, Sarstedt M, et al. A Primer on Partial Least Squares Structural Equation Modeling (PLS-SEM) [M]. California USA: SAGE Publication, 2014.

[117] Harman H H. Modern Factor Analysis [M]. University of Chicago Press, 1976.

[118] Harmon S K, Hill C J. Gender and coupon use [J]. Journal of Product & Brand Management, 2003, 12 (3): 166 –179.

[119] Harrison-Walker L J. The measurement of word-of-mouth communication and an investigation of service quality and customer commitment as potential antecedents [J]. Journal of Service Research, 2001, 4 (1): 60 – 75.

[120] Hassanein K, Head M. Manipulating perceived social presence through the web interface and its impact on attitude towards online shopping [J]. International Journal of Human Computer Studies, 2007, 65 (8): 689 – 708.

[121] Hassan M, Iqbal Z, Khanum B. The role of trust and social presence in social commerce purchase intention [J]. Pakistan Journal of Commerce and Social Sciences, 2018, 12 (1): 111 – 135.

[122] Henseler J, Ringle C M, Sarstedt M. A new criterion for assessing discriminant validity in variance-based structural equation modeling [J]. Journal of the Academy of Marketing Science, 2011, 43 (1) 115 – 135.

[123] Henseler J, Ringle C M, Sinkovics R R. The use of partial least squares path modeling in international marketing [J]. Advances in International Marketing, 2009, 20 (1): 277 – 319.

[124] Ho J Y, Dempsey M. Viral marketing: Motivations to forward online content [J]. Journal of Business Research, 2010, 63 (9): 1000 – 1006.

[125] Holbrook M B, Hirschman E C. The experiential aspects of consumption: consumer fantasies feelings and fun [J]. Journal of Consumer Research, 1982, 9 (2): 132 – 140.

[126] Holbrook M B. Consumer Value: A Framework for Analysis and Research [M]. Psychology Press, 1999.

[127] Houston M J, Rothschild M L. Conceptual and Methodological Perspectives on Involvement. In S. Jain (Ed.) American Marketing Association, 1978.

[128] Hsueh S C, Chen J M. Sharing secure m-coupons for peer-generated targeting via eWOM communications [J]. Electronic Commerce Research and Applications, 2010, 9 (4): 283 – 293.

[129] Hsu M H, Ju T L, Yen C H, et al. Knowledge sharing behavior in virtual communities: The relationship between trust self-effificacy and outcome expectations [J]. International Journal of Human-Computer Studies, 2007, 65: 153 – 169.

[130] Hsu T, Wang Y, Wen S. Using the decomposed theory of planning behavioural to analyse consumer behavioural intention towards mobile text message coupons [J]. Journal of Targeting Measurement and Analysis for Marketing, 2006, 14 (4): 309 – 324.

[131] Hsu T, Wang Y, Wen S. Using the decomposed theory of planning behavioural to analyse consumer behavioural intention towards mobile text message coupons [J]. Journal of Targeting Measurement and Analysis for Marketing, 2006, 14 (4): 309 – 324.

[132] Huang Q, Robert M D, Gu J. Impact of personal and cultural factors on knowledge sharing in China [J]. Asia Pacific Journal of Management, 2008, 25: 451 – 471.

[133] Hung S Y, Durcikov A, Lai H M, et al. The influence of intrinsic and extrinsic motivation on individuals' knowledge sharing behavior [J]. International Journal of Human-Computer Studies, 2011, 69 (6): 415 – 427.

[134] Hu X, Chen X, Davison R M. Social support source credibility social influence and impulsive purchase behavior in social commerce [J]. International Journal of Electronic Commerce, 2019, 23 (3): 297 – 327.

[135] Ifinedo P. Examining students' intention to continue using blogs for learning: Perspectives from technology acceptance motivational and social-cognitive frameworks [J]. Computers in Human Behavior, 2017, 72: 189 – 199.

[136] Im H, Ha Y. Is this mobile coupon worth my private information?: Consumer evaluation of acquisition and transaction utility in a mobile coupon shopping context [J]. Journal of Research in Interactive Marketing, 2015, 9 (2): 92 – 109.

[137] Im H, Ha Y. Who are the users of mobile coupons? A profile of US consumers [J]. Journal of Research in Interactive Marketing, 2012, 6 (3): 215 – 232.

[138] Inman J J, McAlister L. Do coupon expiration dates affect consumer behavior? [J]. Journal of Marketing Research, 1994, 31 (3): 423 – 428.

[139] Insu C, Heejun P, Joseph K K. The relationship between motivation and information sharing about products and services on Facebook [J]. Behav-

iour & Information Technology, 2015, 34: 858 - 868.

[140] Jalilvand M R, Samlimipour S, Elyasi M, et al. Factors influencing word of mouth behaviour in the restaurant industry [J]. Marketing Intelligence & Planning, 2017, 35 (1): 81 - 110.

[141] Jayasingh S, Eze U C. An empirical analysis of consumer behavioral intention toward mobile coupons in Malaysia [J]. International Journal of Business and Information, 2009, 4 (2): 221 - 242.

[142] Jayasingh S, Eze U C. Exploring the Factors Affecting the Acceptance of Mobile Coupons in Malaysia [C]. Dalian: 2009 Eighth International Conference on Mobile Business, 2009.

[143] Jayasingh S, Eze U C. The role of moderating factors in mobile coupon adoption: An extended TAM perspective [J]. Communications of the IBIMA, 2010 (2010): 1 - 13.

[144] Jiang Z, Benbasat I. Research note-investigating the influence of the functional mechanisms of online product presentations [J]. Information Systems Research, 2007, 18 (4): 454 - 470.

[145] Kang H, Hahn M, Fortin D R, et al. Effects of perceived behavioral control on the consumer usage intention of E-coupons [J]. Psychology & Marketing, 2006, 23 (10): 841 - 864.

[146] Kawaf F, Stephen T. Online shopping environments in fashion shopping: An SOR based review [J]. The Marketing Review, 2012, 12 (2): 161 - 180.

[147] Kawedar W, Subroto B, Saraswati E, et al. An empirical study the effects of remuneration and knowledge sharing on managerial performance in Indonesia public sectors [J]. Australian Journal of Basic and Applied Sciences, 2015, 9 (27): 497 - 505.

[148] Keaveney S M. Customer switching behaviour in service industries: An exploratory study [J]. Journal of Marketing, 1995, 59 (2): 71 - 82.

[149] Keiningham T L, Cooil B, Aksoy L, et al. The value of different customer satisfaction and loyalty metrics in predicting customer retention recommendation and share-of-wallet [J]. Managing Service Quality, 2007, 17 (4): 361 - 384.

[150] Khajehzadeh S, Oppewal H, Tojib D. Consumer responses to mobile coupons: The roles of shopping motivation and regulatory fit [J]. Journal of Business Research, 2014, 67 (11): 2447-2455.

[151] Khajehzadeh S, Oppewal H, Tojib D. Mobile coupons: What to offer to whom and where? [J]. European Journal of Marketing, 2015, 49 (5/6): 851-873.

[152] Kim C, Mirusmonov M, Lee I. An empirical examination of factors influencing the intention to use mobile payment [J]. Computers in Human Behavior, 2010a, 26 (3): 310-322.

[153] Kim D, Magnini V P, Singal M. The effects of customers' perceptions of brand personality in casual theme restaurants [J]. International Journal of Hospitality Management, 2011, 30 (2): 448-458.

[154] Kim E, Sung Y, Kang H. Brand followers' retweeting behavior on Twitter: How brand relationships influence brand electronic word-of-mouth [J]. Computers In Human Behavior, 2014, 37: 18-25.

[155] Kim J U, Kim W J, Park S C. Consumer perceptions on web advertisements and motivation factors to purchase in the online shopping [J]. Computers in Human Behavior, 2010b, 26: 1208-1222.

[156] Kim Y J, Han J Y. Why smartphone advertising attracts customers: A model of Web advertising flow and personalization [J]. Computers in Human Behavior, 2014, 33: 256-269.

[157] Kirmani A, Zhu R. Vigilant against manipulation: The effect of regulatory focus on the use of persuasion knowledge [J]. Journal of Marketing Research, 2007, 44 (4): 688-701.

[158] Koo D M, Ju S H. The interactional effects of atmospherics and perceptual curiosity on emotions and online shopping intention [J]. Computers in Human Behavior, 2010, 26 (3): 377-388.

[159] Koufaris M. Applying the technology acceptance model and flow theory to online consumer behavior [J]. Information Systems Research, 2002, 13 (2): 205-223.

[160] Krishna A, Zhang Z J. Short-or long-duration coupons: The effect of the

expiration date on the profitability of coupon promotions [J]. Management science, 1999, 45 (8): 1041 – 1056.

[161] Lee D, Kim H S, Kim J K. The role of self-construal in consumers' electronic word of mouth (eWOM) in social networking sites: A social cognitive approach [J]. Computers in Human Behavior, 2012, 28 (3): 1054-1062.

[162] Lee G, Lee W J, Sanford C. A motivational approach to information providing: A resource exchange perspective [J]. Computers in Human Behavior, 2011, 27: 440 – 448.

[163] Lee H J, Cho H J, Xu W, et al. The influence of consumer traits and demographics on intention to use retail self-service checkouts [J]. Marketing Intelligence & Planning, 2010, 28 (1): 46-58.

[164] Leong L Y, Hew T S, Ooi K B, et al. Predicting the antecedents of trust in social commerce—A hybrid structural equation modeling with neural network approach [J]. Journal of Business Research, 2020, 110: 24 – 40.

[165] Liang H, Saraf N, Hu Q, et al. Assimilation of enterprise systems: The effect of institutional pressures and the mediating role of top management [J]. MIS Quarterly, 2007, 31 (1): 59 – 87.

[166] Liang T P, Ho Y T, Li Y W, et al. What drives social commerce? The role of social support and relationship quality [J]. International Journal of Electronic Commerce, 2011, 16 (2): 69 – 90.

[167] Li Ch Y. How social commerce constructs influence customers' social shopping intention? An empirical study of a social commerce website [J]. Technological Forecasting & Social Change, 2019, 144: 282-294.

[168] Lin H F. Effects of extrinsic and intrinsic motivation on employee knowledge sharing intentions [J]. Journal of Information Science, 2007, 2: 135 – 149.

[169] Lin J, Yan Y, Chen S, et al. Understanding the impact of social commerce website technical features on repurchase intention: A Chinese Guanxi perspective [J]. Journal of Electronic Commerce Research, 2017, 18 (3): 225 – 244.

[170] Lin K Y, Lu H P. Predicting mobile social network acceptance based on

mobile value and social influence [J]. Internet Research, 2015, 25 (1): 107 – 130.

[171] Lin S W, Lo L Y S. Evoking online consumer impulse buying through virtual layout schemes [J]. Behaviour & Information Technology, 2016, 35 (1) 38 – 56.

[172] Liu F, Zhao X, Chau, P Y K, et al. Roles of perceived value and individual differences in the acceptance of mobile coupon applications [J]. Internet Research, 2015, 25 (3): 471 – 495.

[173] Liu X, Wei K K. An empirical study of product differences in consumers' e-commerce adoption behavior [J]. Electronic Commerce Research and Applications, 2003, 2 (3): 229 – 239.

[174] Liu Z, Liu L, Li H. Determinants of information retweeting in Microblogging [J]. Internet Research, 2012, 22 (4): 443 – 466.

[175] Lu B, Fan W, Zhou M. Social presence trust and social commerce purchase intention: An empirical research [J]. Computers in Human Behavior, 2016, 56: 225 – 237.

[176] Lu Y, Cao Y, Wang B, et al. A study on factors that affect users' behavioral intention to transfer usage from the offline to the online channel [J]. Computers in Human Behavior, 2011, 27: 355 – 364.

[177] Madjar N. Emotional and informational support from different sources and employee creativity [J]. Journal of Occupational & Organizational Psychology, 2011, 81 (1): 83 – 100.

[178] Massimini F, Carli M. The Systematic Assessment of Flow in Daily Experience [M]. New York: Cambridge University Press, 1988.

[179] Ma W W K, Chan A. Knowledge sharing and social media: Altruism perceived online attachment motivation and perceived online relationship commitment [J]. Computers in Human Behavior, 2014, 10 (39): 51 – 58.

[180] McEvily B, Zaheer A, Peronne V. Trust as an organizing principle [J]. Organization Science, 2003, 14 (1): 91 – 103.

[181] Mehrabian A, Russell J A. An Approach to Environmental Psychology [M]. Cambridge MA US: The MIT Press, 1974.

[182] Mitchll A A. Involvement: A potentially important mediator of consumer behavior. In: A WL. Wilkie (Ed) Arbor MI: Association for Consumer Research, 1979.

[183] Nadeem W, Khani A H, Schultz C D, et al. How social presence drives commitment and loyalty with online brand communities? the role of social commerce trust [J]. Journal of Retailing and Consumer Services, 2020, 55: 102-136.

[184] Narasimhan C. A price discrimination theory of coupons [J]. Marketing Science, 1984, 3 (2): 128-147.

[185] Nies S, Natter M. Are private label users attractive targets for retailer coupons? [J]. International Journal of Research in Marketing, 2010, 27 (3): 281-291.

[186] Nusair K, Yoon H J, Naipaul S, et al. Effect of price discount frames and levels on consumers' perceptions in low-end service industries [J]. International Journal of Contemporary Hospitality Management, 2010, 22 (6) 814-835.

[187] Nusair K, Yoon H J, Naipaul S, et al. Effect of price discount frames and levels on consumers' perceptions in low-end service industries [J]. International Journal of Contemporary Hospitality Management, 2010, 22 (6): 814-835.

[188] Okazaki S, Navarro-Bailon M Á, Molina-Castillo F J. Privacy concerns in quick response code mobile promotion: The role of social anxiety and situational involvement [J]. International Journal of Electronic Commerce, 2012, 16 (4): 91-119.

[189] Park T, Shenoy R, Salvendy G. Effective advertising on mobile phones: A literature review and presentation of results from 53 case studies [J]. Behaviour & Information Technology, 2008, 27 (5) 355-373.

[190] Paswan A K. An empirical investigation of how perceived devaluation and income effects influence consumers' intended utilization of savings from coupon redemption [D]. University of North Texas, 2007.

[191] Peng L, Zhang W, Wang X, et al. Moderating effects of time pressure on

the relationship between perceived value and purchase intention in social E-commerce sales promotion: Considering the impact of product involvement [J]. Information & Management, 2019, 56: 317 – 328.

[192] QuestMobile. Dianping is the most preferred mobile app for first-tier users [EB/OL]. http://www.sohu.com/a/198828535_7630281, 2017.

[193] Raghubir P. Coupons in context: discounting prices or decreasing profits? [J]. Journal of Retailing, 2004, 80 (1): 1 – 12.

[194] Rimé B. Emotion elicits the social sharing of emotion: Theory and empirical review [J]. Emotion Review, 2009, 1 (1): 60 – 85.

[195] Roehm M L, Jr Roehm H A. The influence of redemption time frame on responses to incentives [J]. Journal of the academy of Marketing Science, 2011, 39 (3): 363 – 375.

[196] Shawn V E. Pro Android Media: Developing Graphics Music Video and Rich Media Apps for Smartphones and Tablets [M]. Apress, 2010.

[197] Sherman E, Anil M, Smith R B. Store environment and consumer purchase behavior: Mediating role of consumer emotions [J]. Psychology and Marketing, 1997, 14 (4): 361 – 378.

[198] Sohn D. Disentangling the effects of social network density on electronic Word-of-Mouth (eWOM) Intention [J]. Journal of Computer-Mediated Communication, 2009, 14 (2): 352 – 367.

[199] Spiekermann S, Rothensee M, Klafft M. Street marketing: How proximity and context drive coupon redemption [J]. Journal of Consumer Marketing, 2011, 28 (4): 280 – 289.

[200] Steuer J. Defining virtual reality: Dimensions determining telepresence [J]. Journal of Communication, 1992, 42 (4): 73 – 93.

[201] Stieglitz S, Dang X L. Political communication and influence through Microblogging: An empirical analysis of sentiment in Twitter messages and retweet behavior [C]//System Science (HICSS) 45th Hawaii International Conference on IEEE, 2012.

[202] Sundaram D S, Mitra K, Webster C. Word-of-mouth communications: A motivational analysis [J]. Advances in Consumer Research, 1998, 25

(1): 527-531.

[203] Swaminathan S, Bawa K. Category-specific coupon proneness: The impact of individual characteristics and category-specific variables [J]. Journal of Retailing, 2005, 81 (3): 205-214.

[204] Tang Q, Zhao X, Liu Sh. The effect of intrinsic and extrinsic motivations on mobilecoupon sharing in social network sites [J]. Internet Research, 2016, 26 (1): 101-119.

[205] Teel J E, Williams R H, Bearden W. O. Correlates of consumer susceptibility to coupons in new grocery product introductions [J]. Journal of Advertising, 1980, 9 (3): 31-46.

[206] Thorsten H-T, Kevin P G, Gianfranco W, et al. Electronic word-of-mouth via consumer-opinion platforms: What motivates consumers to articulate themselves on the Internet? [J]. Journal of Interactive Marketing, 2004, 18 (1): 38-52.

[207] Tong Y, Wang X, Teo H H. Understanding the intention of information contribution to online feedback systems from social exchange and motivation crowding perspectives [J]. Proceedings of the 40th Hawaii International Conference on System Sciences, 2007.

[208] Turley L W, Milliman R E. Atmospheric effects on shopping behavior: A review of the experimental evidence [J]. Journal of Business Research, 2000, 49 (2): 193-211.

[209] Ursula S G, Nicola E S S. Customer co-creation of travel services: The role of company support and customer satisfaction with the co-creation performance [J]. Tourism Management, 2012, 33: 1483-1492.

[210] Van D, Velde B, Meijer A, et al. Police message diffusion on Twitter: Analysing the reach of social media communications [J]. Behaviour & Information Technology, 2015, 34 (1): 4-16.

[211] Vilnai-Yavetz I, Levina O. Motivating social sharing of e-business content: Intrinsic motivation, extrinsic motivation or crowding-out effect [J]. Computers in Human Behavior, 2018, 79: 181-191.

[212] Walsh G, Gwinner K P, Swanson S. R. What makes mavens tick? Explo-

ring the motives of market mavens' initiation of information diffusion [J]. Journal of Consumer Marketing, 2004, 21 (2): 109 – 122.

[213] Wang J, Wang S, Xue H, et al. Green image and consumers' word-of-mouth intention in the green hotel industry: The moderating effect of Millennials [J]. Journal of Cleaner Production, 2018, 181: 426 – 436.

[214] Wang W, Zhuang X, Shao P. Exploring health information sharing behavior of Chinese elderly adults on WeChat [J]. Healthcare, 2020, 8 (3): 207 – 222.

[215] Wang X, Yu C, Wei Y. Social media peer communication and impacts on purchase intentions: A consumer socialization framework [J]. Journal of Interactive Marketing, 2012, 26: 198 – 208.

[216] Wasko M M, Faraj S. Why should I share? Examining social capital and knowledge contribution in electronic networks of practice [J]. MIS Quarterly, 2005, 29 (1): 35 – 57.

[217] Westbrook R A. Product/consumption-based affective responses and postpurchase processes [J]. Journal of Marketing Research, 1987, 24 (3): 258 – 270.

[218] Xue F, Zhou P. The effects of product involvement and prior experience on Chinese consumers' responses to online word of mouth [J]. Journal of International Consumer Marketing, 2011, 23: 45 – 58.

[219] Xu H, Luo X R, Carroll J M, et al. The personalization privacy paradox: An exploratory study of decision making process for location-aware marketing [J]. Decision Support Systems, 2011, 51 (1): 42 – 52.

[220] Xu H, Oh L B, Teo H H. Perceived effectiveness of text vs. multimedia location-based advertising messaging [J]. International Journal of Mobile Communications, 2009, 7 (2): 154 – 177.

[221] Xu H, Teo H H, Tan B C Y. Predicting the adoption of location-based services: the role of trust and perceived privacy risk [C]. Twenty-Sixth International Conference on Information Systems, 2005: 897 – 910.

[222] Yan, Zh, Wang T, Chen Y, et al. Knowledge sharing in online health communities: A social exchange theory perspective [J]. Information &

Management, 2016, 53: 643-653.

[223] Yang Y, Gong Y, Land L P W, et al. Understanding the effects of physical experience and information integration on consumer use of online to offline commerce [J]. International Journal of Information Management, 2020, 51: 1-18.

[224] Yan W, Huang J. Microblogging reposting mechanism: An information adoption perspective [J]. Tsinghua Science and Technology, 2014, 19 (5): 531-542.

[225] Yin D, Bond S D, Zhang H. Keep your cool or let it out: Nonlinear effects of expressed arousal on perceptions of consumer reviews [J]. Journal of Marketing Research, 2017, 54 (3): 447-463.

[226] Yin W, Dubinsky A J. Framing effects of coupon face value on coupon redemption: A literature review with propositions [J]. Journal of Marketing Management, 2004, 207 (8): 877-896.

[227] Yu J, Zo H, Choi M K. User acceptance of location-based social networking services: An extended perspective of perceived value [J]. Online Information Review, 2013, 37 (5): 711-730.

[228] Zaichkowsky J L. Measuring the Involvement Construct [J]. Journal of Consumer Research, 1985, 12 (3): 341-352.

[229] Zhang H, Lu Y, Gupta S, et al. What motivates customers to participate in social commerce? The impact of technological environments and virtual customer experiences [J]. Information & Management, 2014, 51 (8): 1017-1030.

[230] Zhang L, Peng T Q, Zhang Y P, et al. Content or context: Which matters more in information processing on Microblogging sites [J]. Computers In Human Behavior, 2014, 31: 242-249.

[231] Zhang P, Fung F N. Attitude toward knowledge sharing in construction teams [J]. Industrial Management & Data Systems, 2012, 112 (9): 1326-1347.

[232] Zhang X, Cao Q, Grigoriou N. Consciousness of social face: The development and validation of a scale measuring desire to gain face versus fear of

losing face [J]. The Journal of Social Psychology, 2011, 15 (2): 129 – 149.

[233] Zhao X, Tang Q, Liu S, et al. Social capital motivations and mobile coupon sharing [J]. Industrial Management & Data Systems, 2016, 116 (1): 188 – 206.

[234] Zheng Y, Zhao K, Stylianou A. The impacts of information quality and system quality on users' continuance intention in information-exchange virtual communities: An empirical investigation [J]. Decision Support Systems, 2013, 56: 513 – 524.

[235] Zhou T. An empirical examination of continuance intention of mobile payment services [J]. Decision Support Systems, 2013, 54 (2): 1085 – 1091.

[236] Zhu D H, Sun H, Chang Y P. How the content of location-based advertisings influences consumers' store patronage intention [J]. Journal of Consumer Marketing, 2017, 34 (7): 603 – 611.